PLATÓN
UNA GUÍA ILUSTRADA

DAVE ROBINSON
JUDY GROVES

PLATÓN
UNA GUÍA ILUSTRADA

Traducción de Lucas Álvarez Canga

Título original: *Introducing Plato: A Graphic Guide*

© Esta edición ha sido publicada en Reino Unido
y USA en 2010 por Icon Books Ltd.

Diseño de cubierta:
Carlos Lasarte

© Icon Books Ltd., 2010
© Del texto (Dave Robinson) ICON BOOKS LTD., 2014
© De las ilustraciones (Judy Groves) ICON BOOKS LTD., 2014
© De la traducción, LUCAS ÁLVAREZ CANGA, 2025
© De la edición española, EDITORIAL TECNOS
(GRUPO ANAYA, S. A.), 2025
C/ Valentín Beato, 21 - 28037 Madrid

PAPEL DE FIBRA
CERTIFICADA

ISBN: 978-84-309-9244-7
Depósito Legal: M-4501-2025

Printed in Spain

Índice

El rey de los filósofos

Platón, además del primero en recoger todo tipo de ideas y argumentos diferentes en libros que cualquiera pudiera leer, probablemente haya sido el filósofo más importante de todos los tiempos. Quería saber sobre todas las cosas, e importunaba constantemente a sus amigos y compañeros filósofos en busca de respuestas a sus inquietantes preguntas.

También tenía ideas propias, algunas de las cuales parecen bastante sensatas, mientras que otras parecen ser ahora extremadamente extrañas. Pero, desde el comienzo, supo que «hacer filosofía» era una actividad muy especial...

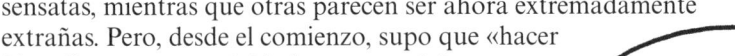

TODOS LOS FILÓSOFOS DEBEN VOLAR ALTO Y CON UNA PASIÓN INCANSABLE HASTA QUE APREHENDAN LA VERDADERA NATURALEZA DE LAS COSAS, TAL Y COMO REALMENTE SON.

El mundo de Atenas

Platón nació en el año 427 a.C., en el seno de una familia aristocrática y vivió en Atenas durante la mayor parte de su vida. La ciudad-Estado de Atenas del siglo V probablemente fuera el lugar más civilizado del mundo: hogar de astrónomos, biólogos, lógicos, artistas, matemáticos y de todo tipo de pensadores que, por entonces, se categorizaban vagamente como «amantes de la sabiduría» o «filósofos».

Los esclavos realizaban todo el trabajo físico aburrido, con lo que la mayoría de los atenienses disfrutaban de mucho tiempo de ocio para reflexionar y discutir.

PERO EVITABAN REFLEXIONAR DEMASIADO SOBRE LA CUESTIÓN ÉTICA DE LA PROPIA ESCLAVITUD.

LAS MUJERES NO TENÍAN MUCHO QUE DECIR EN LA VIDA INTELECTUAL O PÚBLICA DEL ESTADO.

La ciudad de Atenas era por entonces lo suficientemente pequeña como para que todos se conocieran entre sí, lo que implica que la filosofía de Platón probablemente estuviera dirigida hacia una audiencia de élite de amigos y conocidos intelectuales.

El declive de Atenas

Platón vivió durante un período turbulento de la historia ateniense y, finalmente, desastroso. En la Edad de Oro de Atenas, el gran hombre de Estado **Pericles** (ca. 495-429 a.C.) había sido capaz de unir prácticamente a todas las demás ciudades-Estado griegas en una alianza temporal contra los persas, quienes siempre amenazaban con invadirlas. La unión duró poco tiempo.

14

Es extremadamente probable que Platón luchara en esta última guerra como soldado de caballería. Habría sido muy extraño que un ciudadano como él no lo hubiera hecho. Como otros jóvenes atenienses de clase alta, posiblemente tuviera sentimientos encontrados sobre la guerra.

ADMIRÁBAMOS A ESPARTA COMO UNA SOCIEDAD ARISTOCRÁTICA EFICIENTE Y ESTABLE DEBIDO A QUE NO SOPORTABA SINSENTIDOS DE LAS CLASES BAJAS.

Tras la guerra, Esparta impuso un gobierno títere en Atenas. Platón probablemente habría formado parte de él, como sus parientes Critias y Cármides, si la historia hubiera sido ligeramente diferente.

Sócrates

Platón conoció a un carismático filósofo llamado **Sócrates** (470-399 a.C.), quien cambió completamente su vida. Sócrates era un gurú popular para muchos jóvenes atenienses, a pesar de que en los teatros atenienses y en la vida pública se burlaran de su apariencia, de sus hábitos personales y de sus opiniones filosóficas. Sócrates sostenía que la filosofía no se podía enseñar porque era realmente una actitud mental más que un conjunto de conocimientos. Y, como todos los gurús, normalmente hablaba con expresiones enigmáticas y paradojas.

EL SABIO ES EL QUE SABE QUE ES IGNORANTE.

SÓCRATES INSISTE EN QUE LOS FILÓSOFOS TIENEN QUE CUESTIONAR LA SABIDURÍA CONVENCIONAL Y DESAFIAR LAS CREENCIAS TRADICIONALES.

LOS JÓVENES DEBEN PENSAR POR SÍ MISMOS Y NO TOMAR NADA POR SEGURO.

Sócrates alentaba todo tipo de comportamiento rebelde, del que normalmente odian los gobiernos y las autoridades. Los ciudadanos de Atenas expulsaron finalmente al gobierno títere de los «Treinta Tiranos», restauraron un gobierno democrático, y en el año 399 a.C., hicieron ejecutar a Sócrates obligándole a beber un veneno. Los cargos poco convincentes contra él fueron que era un blasfemo y que corrompía a los jóvenes. De hecho, probablemente se le condenara por su estrecha y duradera amistad con dos antiguos estudiantes: Critias («el Tirano») y Alcibíades («El traidor espartano»). Sócrates, al igual que su alumno, Platón, parecen haber tomado decisiones desastrosas en lo que se refiere a las amistades.

16

Viajes al extranjero

La ejecución de Sócrates fue un acontecimiento muy traumático para muchos jóvenes atenienses, entre los que se incluía Platón, quien abandonó la ciudad, disgustado con la política y los políticos atenienses en su totalidad. Por entonces, dijo...

HASTA QUE LOS REYES SE CONVIERTAN EN FILÓSOFOS, O LOS FILÓSOFOS, EN REYES, LAS COSAS NUNCA IRÁN BIEN EN ESTE MUNDO.

Viajó a lo largo del Mediterráneo, **puede** que visitara Egipto, **puede** que fuera secuestrado y rescatado por piratas y, casi con seguridad **visitó** algunas colonias griegas en el sur de Italia, antes de, finalmente, asentarse durante un breve tiempo en Sicilia, en la corte del rey Dionisio I. Allí conoció a un atractivo joven llamado Dion, quien causó una gran impresión en el refugiado ateniense ya en su madurez. También conoció al filósofo Arquitas de Tarento, quien fomentó su interés en la matemática pitagórica.

La Academia

Un nostálgico Platón volvió finalmente a Atenas donde, alrededor del año 387 a.C., fundó la primera universidad europea (llamada «la Academia») en la periferia occidental de la ciudad. En esta institución educativa, los académicos a tiempo completo comían alrededor de la misma mesa, discutían sobre todo lo que se conocía y mantenían vivo el espíritu socrático de debate. Platón daba clases a los estudiantes sobre matemáticas, astronomía y su teoría de las «Formas» mientras caminaba alrededor del jardín. Tenía una pequeña biblioteca y, quizás, incluso un modelo mecánico de las órbitas planetarias. Al igual que los pitagóricos del sur de Italia, los miembros de la Academia creían que el estudio de las matemáticas era la clave para todo entendimiento.

La finalidad de la Academia podía confundir a veces a los atenienses menos ilustrados. En una ocasión, muchos ciudadanos respondieron de forma entusiasta a una charla pública anunciada sobre «La vida buena», esperando escuchar sobre la felicidad y la superación personal, pero descubrieron que se habían sentado a escuchar una ponencia oscura e interminable sobre matemáticas avanzadas.

Las desacertadas visitas a Siracusa

Cuando tenía 60 años, Platón realizó otra desastrosa visita a Siracusa, en Sicilia, a petición de su amigo Dion. A Platón se le contrató, en principio, como tutor del joven rey Dionisio II, pero se encontró en medio de un avispero político espantoso. El propio Dion fue desterrado por conspirar contra el trono.

Como resultado, parece ser que Platón experimentó algunas «dificultades» a la hora de abandonar Siracusa cuando quiso volver a casa. Por entonces, el atribulado rey había decidido sensatamente que tenía cosas más urgentes que atender que sus clases sobre metafísica.

Platón, de forma muy imprudente, volvió a Siracusa cuando se enteró de que Dioniso había prometido cancelar el destierro de Dion. Pero Dion continuó desterrado, se le confiscaron todas sus propiedades y Platón habría tenido que permanecer en Siracusa bajo un arresto domiciliario permanente de no ser por un gobernante vecino que intervino en su nombre. En el año 357 a.C., Dion invadió Siracusa y derrocó a Dionisio...

PERO, ENTONCES, ESTE FUE ASESINADO POR CALLIPO, OTRO ANTIGUO CONOCIDO MÍO.

Esta complicada historia de traición personal, chantaje, amenazas y mucha violencia parecen indicar que a Platón se le daba relativamente mal juzgar el carácter y las circunstancias políticas. Estuvo claramente acertado al abandonar la vida pública después de su última visita y adoptar a partir de entonces una postura cínica en lo que respecta a todos los políticos.

El académico apacible

Platón regresó finalmente a Atenas, donde enseñó y discutió en la Academia hasta su muerte en el año 347 a.C. El estudiante más notable de la Academia era un macedonio proveniente del norte llamado **Aristóteles** (384-322 a.C.).

La propia Academia continuó operando durante muchos siglos hasta que finalmente se cerró en el año 529 por orden del emperador cristiano Justiniano. Cuando Platón murió sobrepasaba ligeramente los 80 años y, como la mayoría de las personas que se dedicaron posteriormente a la filosofía, dejó poco dinero o posesiones.

La civilización griega

La civilización de la Atenas del siglo V era muy especial, sobre todo porque colocó los cimientos de nuestras creencias y valores modernos occidentales. Pero, a pesar de que los atenienses eran como nosotros en muchos aspectos, en otros eran bastante diferentes. Admiraban las virtudes guerreras y, probablemente fueran menos individualistas y más «tribales» de lo que lo somos ahora. Debido a que su mundo social y cultural era muy distinto al nuestro, esto implica que muchas palabras griegas son difíciles de traducir al equivalente español moderno.

El pensamiento griego

Los griegos también tenían una visión **teleológica** del mundo y de sí mismos. Esto significa que todas las cosas del mundo tienden hacia un propósito o diseño último: un buen cuchillo tiene que ser afilado; un caballo, fuerte y obediente; un gobierno, justo y eficiente, y así sucesivamente. De este modo, un ser humano «bueno» era aquel que cumplía su función, principalmente siendo un buen ciudadano. Los esclavos eran desafortunados: eran esclavos debido a sus «naturalezas».

Las creencias religiosas griegas también eran muy diferentes. Los dioses griegos eran un grupo pendenciero, promiscuo y, a menudo, inmoral a los que era conveniente halagar y hacer sacrificios en su nombre. Los ciudadanos griegos inteligentes buscaban más allá de la religión oficial en pos de sus valores políticos y éticos.

El «conocimiento» se hallaba en sus inicios, lo que quiere decir que los atenienses no trazaron las distinciones rígidas que realizamos actualmente entre las diferentes disciplinas. Fue la primera sociedad que rechazó dar por sentadas las respuestas tradicionales. Su actitud mental era crítica y estaba orientada hacia la investigación y, esto es, más que cualquier otra cosa, lo que los hace verdaderamente «modernos».

Las ciudades-Estado griegas

Cuando nació Platón, las ciudades-Estado griegas estaban ya todas ellas bien establecidas. Eran bastante singulares en el mundo antiguo. Egipto y Persia eran sociedades enormes, ricas, monolíticas y teocráticas, mientras que los griegos vivían en Estados pequeños e independientes que eran, en su mayoría, pobres.

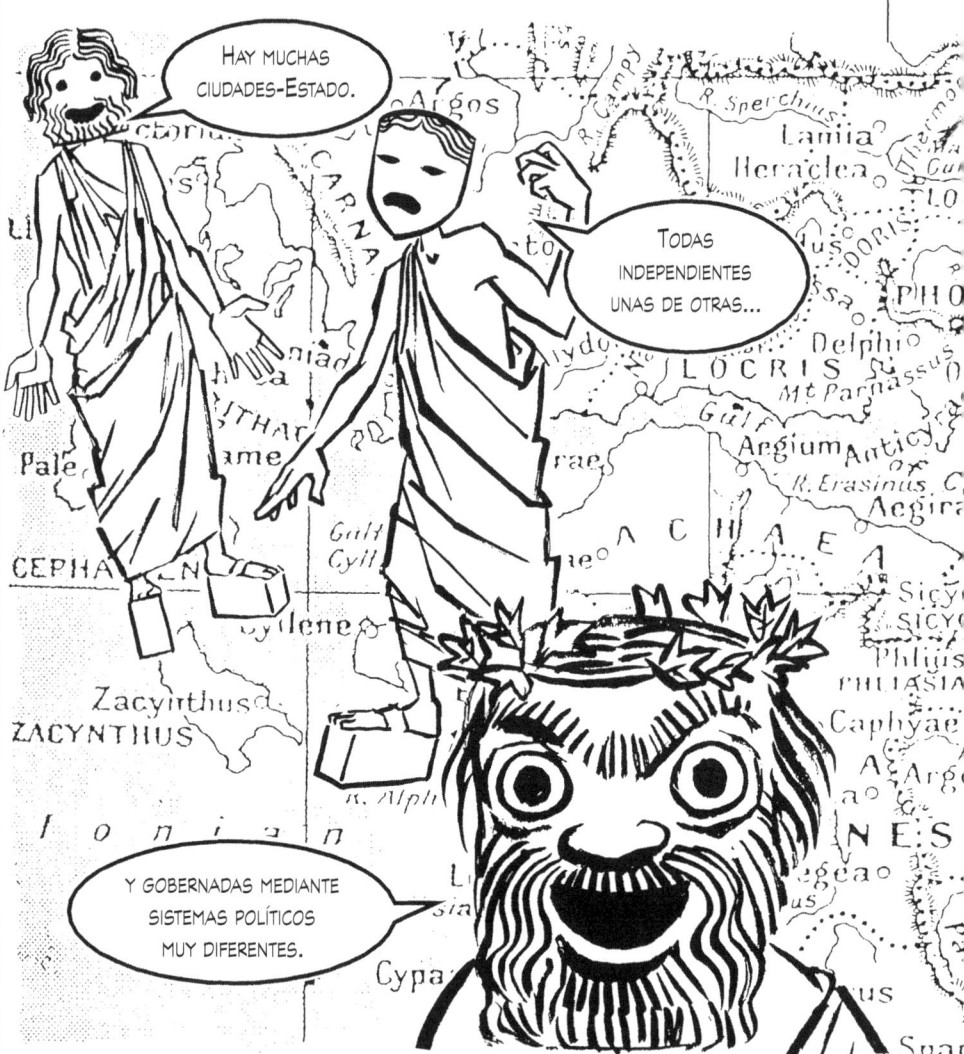

HAY MUCHAS CIUDADES-ESTADO.

TODAS INDEPENDIENTES UNAS DE OTRAS...

Y GOBERNADAS MEDIANTE SISTEMAS POLÍTICOS MUY DIFERENTES.

Atenas era especial en cuanto a su elección frecuente de una forma muy directa de gobierno democrático que incluía a todos los ciudadanos varones adultos. Ser ateniense te otorgaba privilegios, pero también muchas arduas obligaciones políticas y públicas, como el servicio militar y formar parte del jurado y, si disponías de dinero, el pago de rituales y de espectáculos teatrales. Atenas era famosa por sus grandes dramaturgos, Esquilo, Sófocles, Eurípides y Aristófanes, entre otros.

Las advertencias de Platón

Platón continuó advirtiendo a sus compañeros atenienses sobre los peligros inmediatos de la ciudad-Estado. Atenas estaba amenazada por enemigos externos: tanto el Imperio Persa como la ciudad-Estado militarista de Esparta. Los propios ciudadanos atenienses parecían estar de continuo en riñas y entregados a gobiernos democráticos que resultaban ser siempre corruptos e ineficientes. Los jóvenes inteligentes, los ciudadanos del futuro, estaban siendo corrompidos por los «sofistas».

LOS SOFISTAS ENSEÑAN QUE LA MORALIDAD ES UNA CUESTIÓN DE ELECCIÓN PERSONAL Y QUE EL EGOÍSMO HUMANO ES SOLO «NATURAL».

La República de Platón fue un intento desesperado por probar lo falsas y peligrosas que eran estas ideas. Para Platón, el cambio y el progreso siempre están asociados con la corrupción y la decadencia. Su filosofía buscaba proporcionar el tipo de valores morales permanentes y la estabilidad política duradera que salvaría a Atenas. Por supuesto, lo que él no sabía es que la verdadera amenaza se encontraba en el norte. Atenas fue finalmente «absorbida» por el Imperio Macedonio de **Filipo el Grande** (382-336 a.C.) y su sucesor, el pupilo de Aristóteles, **Alejandro Magno** (356-323 a.C.).

Las influencias de Platón: los presocráticos

Los tres filósofos que más influyeron en Platón fueron Pitágoras, Heráclito y Sócrates. **Pitágoras** (ca. 571-496 a.C.), nacido en la isla de Samos, fue perseguido por el dictador Polícrates y se marchó a vivir a Crotona, en la Italia meridional griega. Como muchos filósofos «presocráticos» del siglo VI a.C., creía que debía haber una unidad o elemento subyacente que lo constituía «todo». Los presocráticos sugirieron que esta «unidad» podría ser el agua, el aire, el fuego, o los átomos.

PERO YO AFIRMO QUE TODAS LAS COSAS SON NÚMEROS.

TODO LO QUE PODEMOS VER A NUESTRO ALREDEDOR SON MATEMÁTICAS.

Sus opiniones parecen absurdamente contraintuitivas. Es difícil ver cómo las nubes, los árboles y las olas puedan ser «matemáticos».
Pitágoras alcanzó esta opinión al descubrir que las notas individuales y las estructuras de la música se pueden explicar mediante ratios.
Para él, esto implicaba que todos los fenómenos naturales eran, a su vez, matemáticos.

La religión de las matemáticas

De lo que Pitágoras también se dio cuenta es de que las matemáticas son independientes del mundo observable y empírico. No se puede **ver** la «triangularidad» o el número «47». Las matemáticas son «puras» y no están contaminadas. Su estudio nos permite escapar de las miserables inconsistencias del mundo físico.

LOS NÚMEROS SON UNIVERSALES, INCORRUPTIBLES Y ETERNAMENTE VERDADEROS, Y SOLO SE PUEDE REVELAR SU VERDAD A TRAVÉS DE LA RAZÓN.

PITÁGORAS DESARROLLÓ UNA PROFUNDA ADMIRACIÓN RELIGIOSA POR LOS NÚMEROS, ASÍ COMO PLACER DADOS SUS PATRONES GEOMÉTRICOS.

Pitágoras fundó una colonia de matemáticos religiosos en Crotona, a la que gobernó con disciplina de hierro. También creía en la existencia del alma inmortal y en la reencarnación. Así, Pitágoras fue principalmente el responsable de establecer en Grecia la opinión generalizada de que el conocimiento real tiene que ser similar a las matemáticas: universal, permanente, obtenido mediante el puro razonamiento y sin estar contaminado por los sentidos. También demostró que era posible fundar una comunidad que pudiera estar gobernada con éxito por filósofos.

Heráclito: todo cambia

Heráclito (ca. 535-475 a.c.) sostenía una visión del mundo extrañamente vertiginosa. Para él, el mundo se encontraba en un estado de movimiento y cambio constantes. Nada tenía ningún tipo de permanencia o fiabilidad. Su frase más famosa es **panta rei**: todo cambia.

El perro que con confianza afirmamos ver enfrente de nosotros, fue una vez un cachorro y pronto será un cadáver.

El mundo no solo es un simple «proceso», sino que cada uno lo ve de una forma diferente. Todas nuestras creencias sobre el mundo son «relativas al observador». Un peso es pesado para un hombre ordinario, pero ligero para un halterófilo.

HELENA DE TROYA ERA BELLA PARA PARIS, PERO UNA PERSONA CORRIENTE PARA CUALQUIERA QUE HUBIERA CONTEMPLADO A LA DIOSA AFRODITA.

NO EXISTEN SIGNIFICADOS ESTABLES PARA LOS TÉRMINOS SUBJETIVOS QUE UTILIZAMOS PARA DESCRIBIR EL MUNDO FÍSICO. SIEMPRE NECESITAN ALGUNA DETERMINACIÓN.

«Este edificio es grande» solo quiere decir: «grande para mí». El escepticismo heraclíteo sobre el conocimiento empírico refuerza la perspectiva pitagórica. El conocimiento verdadero solo puede ser puro y permanente si se obtiene mediante la mente y no a través de los sentidos.

La ciencia pura y aplicada

Tras Pitágoras y Heráclito, la mayoría de los filósofos griegos creían que el conocimiento solo podía provenir del pensamiento y que, a pesar de que la observación era útil, era una forma inferior y engañosa de comprensión del mundo y del lugar que en él ocupan los seres humanos.

El hecho de disponer de una gran población esclava para realizar todas las tareas penosas también suponía un factor disuasorio. ¿Para qué inventar molinos de viento cuando 20 esclavos pueden hacer girar una muela?

La opinión de Sócrates sobre el conocimiento

Pero fue Sócrates quien inspiró a Platón más que cualquier otro filósofo. Era feo, bajo, desaliñado y a veces estaba borracho, pero tenía una influencia inmensa. Solo sabemos el tipo de cosas que dijo Sócrates porque Platón tomó nota de ellas.

LA TAREA DEL FILÓSOFO CONSISTE EN CONCENTRARSE EN LOS SERES HUMANOS (CÓMO DEBERÍAN VIVIR SUS VIDAS), NO EN REALIZAR INVESTIGACIONES CEREBRALES EN LA ESTRUCTURA SUBYACENTE DEL MUNDO NATURAL.

SÓCRATES ESTABA OBSESIONADO CON LA CUESTIÓN DE LA «VIRTUD» HUMANA. ¿QUÉ ES AQUELLO POR LO QUE LOS SERES HUMANOS DEBERÍAN ESFORZARSE?

Algunos filósofos ya habían sugerido que el placer personal y la felicidad eran suficientes, pero Sócrates insistía en que la respuesta era el **conocimiento**. El propósito teleológico de los seres humanos es cuestionarlo todo y participar en los debates con otros, para lograr acercarse a la verdad tanto como sea posible.

31

El diálogo socrático

La filosofía es una actividad extraña. No dispone de metodologías procedimentales obvias como la geometría o la física. Sócrates tuvo que inventar el tipo de cosas que tenía que hacer la filosofía y proporcionarle un método de investigación. Alentó la idea de que debería ser un proceso de argumentación y debate. Esto tiende a tener una función negativa. Los participantes en el «diálogo socrático» casi siempre descubren que sus respuestas ante las cuestiones filosóficas son inadecuadas e inaceptables.

COMIENZAN CREYENDO QUE DOMINAN CIERTOS CONCEPTOS, PERO PRONTO DESCUBREN QUE NO ES ASÍ.

POR TANTO, EL DIÁLOGO SOCRÁTICO ES, A MENUDO, MEJOR A LA HORA DE REVELAR LA IGNORANCIA QUE A LA DE PRODUCIR RESPUESTAS.

La tarea de la filosofía es aclarar el tipo de cuestiones que se plantean y, a continuación, determinar qué tipos de respuestas son aceptables. Consiste más en un proceso de clarificación que en un descubrimiento. La costumbre de Sócrates de poner a la gente engreída patas arriba podría ser, sin duda, muy irritante, lo que le valió el sobrenombre de «el tábano». Su otro sobrenombre, más cortés, era «el partero», porque ayudaba al nacimiento del conocimiento en diversas personas.

La virtud es conocimiento

A pesar de sus cautelas, Sócrates no era un escéptico. Realmente creía que era posible poseer un conocimiento limitado sobre lo que hace que los seres humanos se sientan plenos, y mantenía algunas teorías consistentes sobre cómo deberían vivir. Con educación, los seres humanos podrían llegar a conocer sus verdaderos «yoes», saber qué es lo bueno y actuar en consecuencia. Esto se refleja en el famoso dicho de Sócrates:

UNA VIDA NO EXAMINADA NO MERECE LA PENA SER VIVIDA.

PARA SÓCRATES, SE TRATABA MUCHO MÁS DE MORALIDAD QUE DE LEGISLACIÓN COLECTIVA.

La bondad era para él un tipo de conocimiento que se encontraba codificado de alguna manera dentro de la estructura del propio universo: existían **hechos morales** naturales. Una vez que los conociéramos, sería imposible que nadie hiciera el mal. Esta afirmación implica que alguien malvado es simplemente alguien que es ignorante.

Afirmar que la moralidad es un tipo de conocimiento como cualquier otro suena extraño actualmente. Ya no estamos seguros de la existencia de ningún tipo de «hecho» moral.

33

La búsqueda de las esencias

Sócrates también creía que todas las cosas y todas las ideas tenían una misteriosa «naturaleza esencial» interior que se podría revelar mediante el debate dialéctico. El conocimiento real se basa en el descubrimiento de definiciones concluyentes. Esto normalmente implica examinar muchos ejemplos diferentes de un concepto concreto para descubrir algunas características comunes. Tras esto, deberíamos ser capaces de alcanzar una definición general.

LE PREGUNTO A TODO EL MUNDO, «¿QUÉ ES LA JUSTICIA?». ENCONTRAREMOS UNA RESPUESTA CORRECTA QUE TENGA APLICACIONES PRÁCTICAS.

La doctrina «esencialista» parece funcionar bien con las matemáticas y la geometría. La «esencia» de un triángulo es ser «una figura de tres lados». Pero no está tan clara la «naturaleza esencial» de los seres humanos o de la «bondad». Debido al hecho de que la búsqueda de Sócrates tuvo éxito tan pocas veces, este sugirió que la ignorancia, más que el conocimiento, es el estado normal de la mente humana.

El Sócrates de Platón

Las primeras obras filosóficas de Platón son su tributo a Sócrates y su intento de mantener viva la tradición del debate socrático. Quería dejar las cosas claras y contar a todos lo que había dicho Sócrates. Platón lo utiliza como portavoz en prácticamente todos sus libros. Así, no siempre queda claro *de quién* son las ideas que se están presentando. Este hecho no parece haber preocupado a Platón en demasía, ya que se consideraba a sí mismo como continuador de esta tradición filosófica. Sin embargo, la mayoría de los investigadores creen ahora que los diálogos tempranos son un registro bastante preciso de las opiniones de Sócrates, y que las obras de transición y finales reflejan, en su mayoría, las del propio Platón.

Platón y Aristóteles en un frontispicio de un libro de adivinación
inglés del siglo XIII.

Jacques Derrida, en *La tarjeta postal* (1980), se desconcierta con esta intrigante imagen de Sócrates, quien parece **escribir** lo que **dicta** Platón, lo que plantea el enigma del «orador por escrito».

El *Eutifrón*

El *Eutifrón* es un diálogo entre Eutifrón y Sócrates que mantienen fuera del tribunal de justicia ateniense. Sócrates está a punto de ser juzgado y condenado a muerte y, sin embargo, encuentra tiempo para discutir sobre la distinción crucial entre una moralidad basada en la creencia religiosa y otra basada en el razonamiento filosófico. Sócrates muestra que es casi imposible obtener de los dioses un código moral consistente. Discuten continuamente y nunca es posible contentarlos a todos al mismo tiempo. Sin embargo, lo más importante, es que Platón (¿o se trata de Sócrates?) logra que Eutifrón admita una diferencia crucial.

Lo que es moralmente correcto no es siempre necesariamente piadoso... la religión se ama porque es piadosa, y la moralidad es piadosa porque se ama.

Como sucede normalmente, Sócrates conduce a Eutifrón hasta un laberinto verbal y conceptual del que no puede escapar. Preocupado por esta conversación más bien irregular con alguien notoriamente blasfemo, Eutifrón es muy reacio a alcanzar cualquier conclusión poco ortodoxa, por lo que se excusa. Después de todo, los puntos de vista de Sócrates son precisamente aquellos por los que está a punto de ser juzgado.

DIME ENTONCES TU CONCLUSIÓN, MI QUERIDO EUTIFRÓN, Y NO LA OCULTES.

EN OTRO MOMENTO, SÓCRATES. AHORA MISMO TENGO UN COMPROMISO MUY IMPORTANTE Y YA ES HORA DE QUE ME MARCHE.

Solo se puede alcanzar el verdadero conocimiento moral a través del pensamiento y el debate filosóficos. Es muy sencillo para Eutifrón obedecer los edictos religiosos y quedarse tranquilo, a continuación, sabiendo que se ha comportado moralmente. La moralidad y la religión, a veces, se encuentran enfrentadas. La gente puede hacer cosas malvadas por razones religiosas, a veces un acto moral puede ser poco ortodoxo en términos religiosos. La verdadera filosofía moral solo puede comenzar cuando la gente se aleja del dogmatismo y la irracionalidad de la religión.

La *Apología*

La *Apología* es, aparentemente, un relato de los diferentes discursos que dio Sócrates durante su juicio, antes y después de que se le sentenciara a muerte. No es en absoluto apologético o conciliador, sino desafiante. Da lecciones al tribunal sobre la naturaleza del debate filosófico. Afirma que, a veces, es necesario plantear ideas en las que uno mismo no cree para estimular la discusión. Admite a regañadientes que quizás algunos de los jóvenes aristócratas irresponsables que le siguieron molestaran a sus mayores y superiores con preguntas tediosas. Pero está totalmente convencido de que siempre es su deber filosofar y decir la verdad tal como él la ve.

ESTÁIS EQUIVOCADOS SI CREÉIS QUE UN HOMBRE QUE VALGA LA PENA DEBERÍA DEDICAR SU TIEMPO A SOPESAR LAS PERSPECTIVAS DE LA VIDA Y DE LA MUERTE.

SOLO TIENE QUE CONSIDERAR UNA COSA A LA HORA DE REALIZAR CUALQUIER ACTO Y ESA ES SI ESTÁ ACTUANDO CORRECTA O INCORRECTAMENTE, COMO UN BUEN O COMO UN MAL HOMBRE.

Filósofos posteriores se adhirieron a estas declaraciones espléndidas de independencia intelectual y rectitud moral en las que todos los filósofos quedan retratados como héroes. Otros, como el periodista americano **I. F. Stone** (1907-1989), consideraron que este discurso se encuentra lleno de inconsistencias y evasivas poco sinceras. Sócrates afirmaba que era realmente apolítico porque su propia «voz interior» le había dicho que evitara la vida pública. Era lo suficientemente sabio como para darse cuenta de que la expectativa vital de muchos políticos atenienses no era tan grandiosa. «Quienquiera que intente sobrevivir incluso durante un corto período de tiempo debe limitarse a la vida privada y dejar de lado la política».

Sócrates probablemente **estuviera** involucrado de forma indirecta en alguna peligrosa coyuntura política ateniense. Sin embargo, no hay duda de que acepta su sentencia con una calma estoica impresionante. Termina diciendo que su muerte será la aniquilación completa, o una oportunidad única para que se encuentre con los grandes intelectuales griegos del pasado. Como era habitual, se vanagloria de que entablará con ellos un ulterior debate. Este último jamás se detendrá.

HABRÉ DE PASAR MI TIEMPO ALLÍ, AL IGUAL QUE AQUÍ, EXAMINANDO Y BUSCANDO LAS MENTES DE LAS PERSONAS PARA DESCUBRIR QUIÉN ES REALMENTE SABIO Y QUIÉN SOLAMENTE CREE QUE LO ES.

El *Critón*

El *Critón* es el relato de una discusión que tuvo lugar en la prisión del Estado la noche anterior a la ejecución de Sócrates. Critón asegura a Sócrates que puede organizar su huida.

Como ciudadano ateniense, había realizado un contrato con el Estado en el que este le otorgaba derechos, pero que también le imponía obligaciones. Obedecería los procedimientos legales del Estado por equivocados que estuvieran. Además, si se marchara al exilio, eso no sería más que la confirmación de su culpa ante los ojos de sus conciudadanos. «Cuando abandone este lugar lo haré como víctima, no de algún mal cometido por la ley, sino por mis conciudadanos».

El *Fedón*

El *Fedón* es el famoso relato de la muerte de Sócrates. Este ofrece a sus afligidos amigos muchos argumentos diferentes para justificar su creencia en la inmortalidad de su alma. Señala de forma irónica que los filósofos siempre han sido un grupo ascético, desinteresado por los placeres corporales y, por tanto, «medio muertos» de todos modos. El pensamiento filosófico es un proceso de liberación de la mente frente al cuerpo: la muerte es meramente una separación más.

ES EL INTELECTO O EL ALMA LO QUE ES CAPAZ DE APREHENDER LOS CONCEPTOS Y LAS IDEAS CON LA MAYOR CLARIDAD, MIENTRAS QUE EL CUERPO SIEMPRE ES CAUSA DE CONFUSIÓN O ERROR.

La vida y la muerte son contiguos: la muerte viene de la vida, con lo que de la muerte debe surgir algún tipo de vida.

Todo lo que parece que conocemos desde el nacimiento apunta hacia una existencia anterior.

Si existe una existencia previa, quizás haya también una póstuma.

El alma es invisible y divina, el cuerpo visible y mortal. Solo el alma puede aprehender los conceptos que los sentidos no pueden concebir. Los argumentos brotaban de su boca sin tregua.

Sin embargo, el materialista Simmias se mostraba poco convencido y, con más bien poco tacto, así lo expresó.

Finalmente, aparece un oficial del Estado con una copa de veneno que Sócrates se bebe de un trago. Las piernas y el cuerpo de Sócrates se enfrían. Y, entonces, finalmente cesa de hablar.

La influencia de Sócrates en Platón

Platón produjo otros libros en los que hay aún más relatos de los debates de Sócrates con algunos de sus amigos sobre diferentes temas: la templanza (el *Cármides*), la amistad (el *Lisis*), la valentía (el *Laques*) y la ética y la educación (el *Protágoras*). Sócrates siempre afirmó que nunca podría ser un profesor porque no tenía ningún conocimiento que transmitir. Sin embargo, le ofreció a Platón una agenda filosófica clara.

El conocimiento ha de ser tan estable y fijo como las certezas de las matemáticas, a salvo del mundo del cambio heraclíteo y del relativismo escéptico. Concluyó que puede que fuera imposible descubrir este tipo de definiciones garantizadas, o incluso saber cuándo las poseemos. La verdad existía, pero es muy difícil que los seres humanos la alcancen. Platón se propuso descubrir una salida para este *impasse* al revelar un mundo de certeza que existía más allá del mundo del cambio y la decadencia, que solo unos pocos especialistas serían capaces de alcanzar.

45

Los sofistas: conocimiento a cambio de dinero

Atenas era un mercado para nuevas ideas. Un grupo de pensadores denominados «sofistas» comercializaban su propia marca de filosofía como un tipo de producto de autoayuda. Viajaban ofreciendo lecciones a los hijos de familias acomodadas a cambio de grandes cantidades de dinero.

Para los sofistas, el «hombre bueno» era capaz de deslumbrar y confundir a sus oponentes en el debate político y, así, volverse influyente y exitoso. Los sofistas fueron especialmente populares entre las nuevas familias ricas atenienses que tenían hijos que sacar adelante en el mundo.

Sócrates y Platón eran ambos hostiles respecto a los sofistas, en parte porque los consideraban una amenaza para el antiguo orden mundial.

Uno de los estudiantes de Platón tuvo una vez la insolencia de preguntarle para «qué» servía la filosofía. Le dio una moneda como «recompensa» por sus estudios y lo despidió por no ser apto.

El relativismo y el escepticismo sofísticos

El historiador griego **Heródoto** (ca. 484-424 a.C.) había viajado fuera de su país y descubrió que muchas creencias y prácticas culturales eran totalmente diferentes fuera de Grecia. «La costumbre es la única guía». Las leyes y las moralidades difieren de un país a otro. Esto fue un poco sorprendente para los excesivamente confiados atenienses. Pero los sofistas extrajeron sus propias conclusiones.

SI LAS CREENCIAS MORALES SON MÚLTIPLES Y NO UNIVERSALES, ENTONCES QUIZÁS TODA MORALIDAD ESTÉ SIMPLEMENTE «INVENTADA» O SEA UNA CUESTIÓN DE CONVENCIÓN.

POR TANTO, RESPETA LA LEY DE BOQUILLA, NO TE METAS EN LÍOS CON LAS AUTORIDADES, PERO CUIDA SIEMPRE DE TU PROPIO INTERÉS EGOÍSTA.

Así, el **relativismo cultural** (culturas diferentes tienen diferentes formas de hacer las cosas) puede conducir al **relativismo ético** (el reconocimiento de que culturas diferentes tienen creencias morales diferentes), lo que puede deslizarse con facilidad hacia el **escepticismo ético** (no existen leyes morales absolutas que se puedan demostrar), y caer, finalmente, en el altamente preocupante **nihilismo ético** (no existen reglas morales, con lo que puedes hacer lo que te plazca).

Los sofistas mantenían que las palabras como «libertad», «lealtad», «justicia» e «igualdad», eran meramente invenciones subjetivas humanas que solo tienen significados particulares para cada individuo. A pesar de que Sócrates había insistido en que los jóvenes no deberían dar nada por sentado y cuestionarlo todo, estaba convencido de que este tipo de cinismo vacío y relativismo semántico estaba equivocado. El fin de la filosofía era encontrar la verdad, no «ganar» debates.

LA FILOSOFÍA ES UN ASUNTO MORAL SERIO. TIENE QUE SERLO, PORQUE YA NO SE PUEDE CONFIAR EN LA RELIGIÓN PARA QUE PROPORCIONE SABIDURÍA.

EL FILÓSOFO DE VERDAD DEBE SER UN BUSCADOR DESINTERESADO DE VERDADES MORALES QUE, A PESAR DE SER DIFÍCILES DE ENCONTRAR, EXISTEN.

Platón llevó a cabo la cruzada contra las doctrinas sofistas del cinismo moral y del interés propio, y contra los efectos que estaban causando en los jóvenes. Atenas se encontraría en un grave problema si no disponía de un conjunto aglutinado de valores morales en los que confiar.

Protágoras

Se pueden encontrar algunos de estos ataques a los sofistas
en el *Protágoras* y en el *Gorgias*. **Protágoras** (490-420 a.C.) ya era
un filósofo famoso, respetado tanto por Sócrates como por Platón.
Fue Protágoras quien dijo: *El hombre es la medida de todas las cosas,
de las que son en tanto que son y de las que no son en tanto que no son.*
(Traducción: las creencias humanas son invenciones de los seres
humanos y relativas al que conoce, con lo que nadie puede
decir que otra persona esté equivocada).

Para Protágoras, todos los valores morales eran relativos y el único criterio para la acción eran cosas como la autopreservación y la conveniencia. Pero también era un defensor de los ideales democráticos.

LA MEJOR FORMA DE PRESERVAR LA ESTABILIDAD POLÍTICA ES QUE TODO EL MUNDO SIENTA QUE TIENE VOZ EN EL GOBIERNO.

SÓCRATES Y YO TAMPOCO ESTAMOS DE ACUERDO EN ESTE PUNTO.

EL GOBIERNO DEBERÍA DEJARSE EN MANOS DE UN GRUPO DE EXPERTOS.

En el *Protágoras*, todos aceptan finalmente que se debe abandonar la habitual búsqueda de definir la «virtud», o lo que es mejor para los seres humanos, y que todos deben permanecer ignorantes. Calicles, el sofista del *Gorgias*, es un personaje bastante menos atractivo. Su opinión es que la ley y la moralidad son meras convenciones humanas. Un hombre inteligente debería colocarse a sí mismo por encima de la ley, ser fuerte y dominar a los demás en su búsqueda por la autosatisfacción.

El *Menón*

El *Menón* hace otro intento por proporcionar una definición adecuada de «virtud». La conclusión final de Sócrates es que la virtud no se puede enseñar. Es una dispensación divina que todos recibimos, aunque solo unos pocos sean capaces de «recordarla». Menón le pide entonces a Sócrates que explique algo.

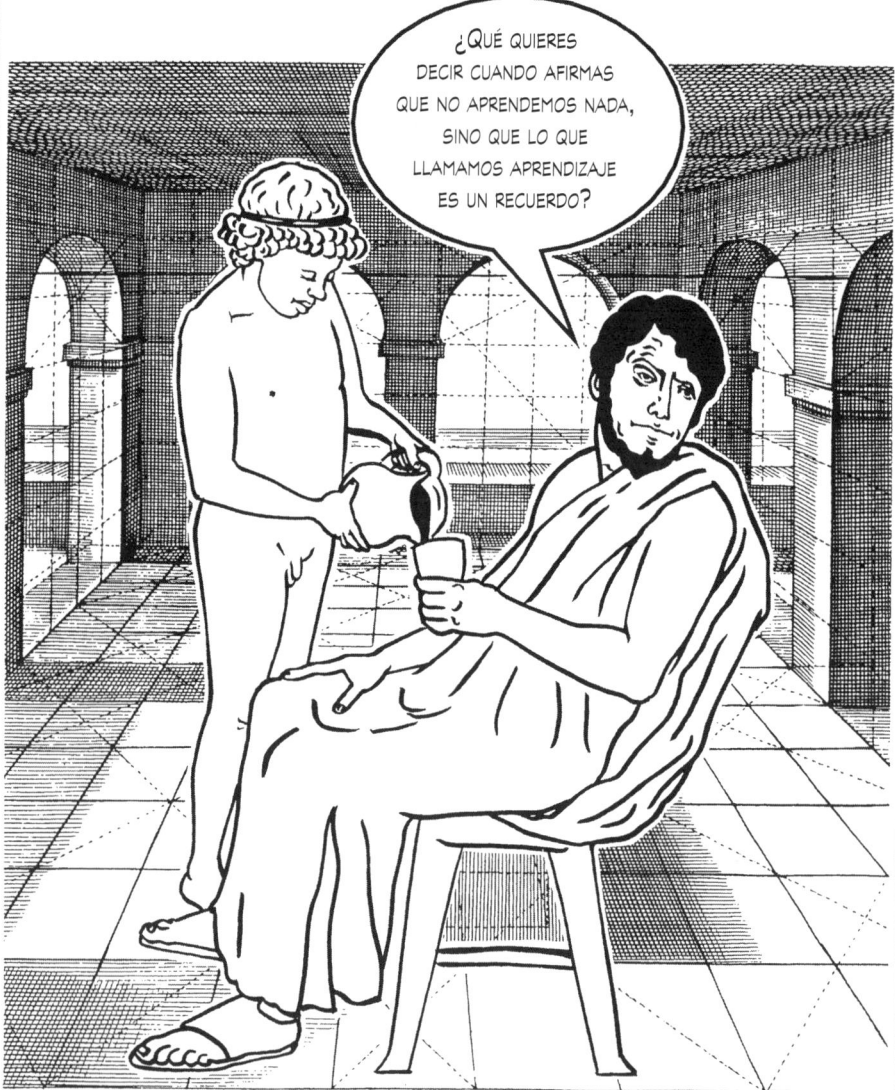

¿QUÉ QUIERES DECIR CUANDO AFIRMAS QUE NO APRENDEMOS NADA, SINO QUE LO QUE LLAMAMOS APRENDIZAJE ES UN RECUERDO?

Esta vez, probablemente estemos escuchando las ideas de Platón en lugar de las de Sócrates. Para Platón, el conocimiento es algo con lo que ya nacemos y, así, «aprender» consiste simplemente en forzar ese conocimiento para que resurja en nuestras mentes conscientes. Sócrates ilustra esto claramente al preguntarle sobre geometría a uno de los esclavos incultos de Menón.

Tras insistir un tanto, el chico parece capaz de realizar cálculos geométricos bastante complejos.

De este hecho Sócrates extrae algunas conclusiones sorprendentes. Sabemos que el chico no aprendió nada durante su vida, con lo que ha tenido que aprenderlo antes de haber nacido en una especie de existencia no física. En conclusión, posee un alma inmortal, como todos los demás. Por tanto, el aprendizaje es un proceso de **anamnesis**, un recuerdo de un estado prenatal del alma.

Problemas con la anamnesis

Sería hermoso poder demostrar la inmortalidad del alma a partir de una lección de geometría, pero, por desgracia, hay un salto muy grande hasta las conclusiones en el argumento de Platón.

El principal problema es que Platón nunca ofrece realmente una prueba convincente de que el joven esclavo posea un conocimiento innato de la geometría.

Sócrates incita al chico haciéndole preguntas «concretas» (preguntas que solo requieren un «sí» o «no» por respuesta), con lo que probablemente este solo necesitaría adivinar cuál es la respuesta correcta a partir de las inflexiones de la voz del filósofo.

TRABAJA EN LA CASA DE MENÓN Y, ASÍ, ES PROBABLE QUE YA TUVIERA ALGÚN CONOCIMIENTO DE LAS MATEMÁTICAS Y DE LAS FORMAS.

VE Y TRÁENOS OCHO PLATOS REDONDOS Y LA TABLA DE CORTAR CUADRADA.

PERO EL FILÓSOFO Y EL ARISTÓCRATA DAN POR SUPUESTO QUE LA MENTE DEL CHICO ESTÁ VACÍA HASTA EL MOMENTO EN EL QUE SE LE PIDEN LAS RESPUESTAS.

¡LO QUE DICE MÁS DE ELLOS QUE DE MÍ!

El *Menón* comienza el debate que continúa en la actualidad entre los lingüistas, matemáticos, psicólogos y filósofos sobre el alcance de las *capacidades innatas* de la mente humana. Existe una cantidad considerable de evidencia que sugiere que la mente humana está ciertamente diseñada para hacer matemáticas y aprender idiomas. Así, incluso a pesar de que los métodos de Platón parezcan defectuosos, sus conclusiones iniciales pueden perfectamente ser correctas.

Introducción a *La República* de Platón

La República de Platón es su obra filosófica más importante: su intento de mostrar cómo sería su Estado ideal. Es un libro sorprendente, lleno de ideas y argumentos sobre el conocimiento, la religión, el alma, la ética, la política, la educación, el feminismo, la guerra, el arte, y muchas otras cosas más. *La República* es un texto «cerrado» que intenta proporcionar respuestas definitivas y normativas a la mayoría de los problemas y cuestiones planteadas por los amigos y contemporáneos de Platón. Casi todas las ideas están relacionadas entre sí. Esto hace que se garantice la claridad y la coherencia, pero también implica que, si se pone en entredicho un pilar central del edificio filosófico, entonces el sistema completo se derrumba. Pero, ante todo, lo que es importante es el contexto de la discusión, la propia Atenas.

Atenas y el Estado perfecto

Sabemos que Atenas era un lugar extraordinario. No había otro lugar en el mundo en donde la discusión libre y abierta fuera tolerada en tan alto grado. Atenas atraía a intelectuales de todo el Mediterráneo, muchos de los cuales aparecen en este libro. Las ciudades-Estado ya existían desde hacía muchos años, no eran ninguna novedad. Pero las colonias griegas continuaban brotando por todas partes, con gobiernos de todo tipo. Esto implica que la discusión sobre lo que era una sociedad «perfecta» sería una preocupación bastante práctica, y no un simple ejercicio académico. La mayoría de las cuestiones que explora Platón tratan de la relación del individuo con el Estado, y todas se discuten en *La República*.

¿**Qué** es lo que unifica un Estado y le otorga estabilidad?

¿**Es** el Estado algo «natural» e inevitable, o es cultural y modificable?

¿**Son** los seres humanos cooperadores o competidores?

¿**Cómo** se debería educar a los ciudadanos?

¿**Qué** es el conocimiento?

¿**Son** los seres humanos buenos o malvados?

¿**Son** los hombres iguales? Si así es, ¿en qué sentido?

¿**Poseen** una cultura compartida?

¿**Son** necesarias las leyes? ¿Quién decide cuáles son?

¿**Por qué** hemos de obedecer a las leyes?

¿**Tienen** las gentes diferentes distintos papeles en la sociedad?

¿**Debería** tener todo el mundo voz y voto en cómo se dirigen las cosas, o deberían decirnos unos expertos lo que hay que hacer?

¿**Tiene** el Estado algún tipo de propósito o fin?

¿**Es** el Estado una cosa buena o mala?

Discusiones preliminares

Platón insufla vida a la filosofía al reproducir las interacciones entre todo tipo de individuos con diferentes personalidades y creencias. *La República* comienza con todos los personajes intentando establecer una definición de la «conducta correcta» o del «buen comportamiento». Céfalo, un comerciante rico, sugiere de forma inocente que una definición bastante buena podría ser simplemente «pagar tus deudas», que Sócrates desbarata fácilmente sin miramientos.

POR EJEMPLO, NO DEVOLVERÍAS UNA ESPADA PRESTADA A UN LOCO TRASTORNADO. ESTA EXCEPCIÓN PRUEBA QUE «PAGAR LAS DEUDAS» NO PUEDE SER UNA BUENA DEFINICIÓN DE LA «CONDUCTA CORRECTA».

POLEMARCO TIENE OTRA SUGERENCIA.

HACER EL BIEN A LOS AMIGOS Y EL MAL A LOS ENEMIGOS.

SÓCRATES SE DESHACE DE ESTA DEFINICIÓN MOSTRANDO QUE NUNCA PUEDE SER BUENO HACER DAÑO A OTRA PERSONA DE FORMA DELIBERADA.

Como siempre, Sócrates no está pidiendo ejemplos de buen comportamiento, o un registro de cómo usa la gente ciertas palabras morales, sino una definición concluyente de la «esencia» misma de la conducta correcta.

Trasímaco

Céfalo y Polemarco son aficionados y se les contesta con facilidad. Trasímaco es un filósofo sofista profesional de Calcedonia, un visitante de Atenas que se gana la vida enseñando oratoria. Para Trasímaco, todos los códigos morales y políticos de comportamiento son un tipo de fraude, impuesto por los fuertes sobre los débiles crédulos. Esta es una elaboración más detallada de las opiniones de Calicles en el *Gorgias*.

EN EL MUNDO NATURAL, EL FUERTE SIEMPRE TIENE PODER SOBRE EL DÉBIL. NO HAY NINGÚN MOTIVO PARA ESPERAR QUE LAS SOCIEDADES HUMANAS SEAN DISTINTAS.

ESTADOS DIFERENTES TIENEN REGLAS LEGALES Y MORALES DIFERENTES, DE ACUERDO CON QUIÉN SE ENCUENTRE EN EL PODER EN UN MOMENTO DADO.

Muchos contemporáneos atenienses habrían estado de acuerdo con que «el poder hace al derecho». Los pacíficos ciudadanos de Milos, que desearon permanecer neutrales en las guerras entre Atenas y Esparta, protestaron ante la injusticia de la exigencia ateniense de que unieran sus fuerzas. Se negaron a luchar. Los atenienses no estaban muy interesados en lo que era «justo» y, así, masacraron a todos los ciudadanos varones.

Trasímaco concluye su argumento recomendando una vida basada en el interés propio.

OBEDECE LAS LEYES DE LA SOCIEDAD CUANDO TENGAS QUE HACERLO, PERO INFRÍNGELAS CUANDO PUEDAS SALIRTE CON LA TUYA. ASÍ, DISFRUTARÁS DE UNA VIDA MEJOR.

La respuesta deficiente

Los argumentos que coloca Platón en boca de Sócrates contra Trasímaco son bastante débiles. Un gobierno poderoso puede aprobar leyes que resulten estar en contra de su propio interés, con lo que la definición de «moralidad» de Trasímaco no es válida.

LAS DESTREZAS DE UN MÉDICO SE USAN POR EL INTERÉS DE SUS PACIENTES, DE MODO QUE LAS DE UN GOBERNANTE SIEMPRE LO HARÁN POR EL DE SUS SÚBDITOS.

EL HOMBRE INJUSTO NO DISFRUTA UNA VIDA MEJOR, SIMPLEMENTE POR EL HECHO DE QUE LOS SERES HUMANOS NO ESTÁN DISEÑADOS PARA SER INMORALES.

La injusticia es conflictiva porque ni siquiera podría existir una sociedad de cucarachas si todo el mundo siguiera estas recomendaciones egoístas.

Algunos argumentos mejores

Pero cualquier gobierno que apruebe una ley que vaya en contra de su propio interés pronto la revocará. Algunos médicos ricos son menos altruistas de lo que sugiere Platón (incluso si no todos los médicos y políticos están solamente motivados por el interés propio, como sugiere Trasímaco). También es muy difícil saber si el «propósito» de los seres humanos es ser morales, inmorales o amorales.

COMO OTROS SOFISTAS, TRASÍMACO CREE EN LA FICCIÓN DE LOS SERES HUMANOS «ORIGINALES» COMO AMORALES Y PRESOCIALES.

INVENTA ESTA FICCIÓN PARA SUGERIR QUE LA SOCIEDAD Y EL ESTADO SON ARTIFICIALES E IMPONEN LIMITACIONES INNECESARIAS A NUESTROS «YOES» «NATURALES».

Es una visión cínica a la vez que romántica. Pero la verdad bien podría ser también que lo que hace que los seres humanos sean «humanos» es que son, de hecho, intrínsecamente «sociales» y, así, «morales» de forma inevitable.

La visión ideológica de la moralidad

Las ideas de Trasímaco resurgen en filosofías políticas posteriores. Por ejemplo, el filósofo alemán **Friedrich Nietzsche** (1844-1900) mantuvo que las doctrinas políticas y morales nunca podrían ser objetivas o desinteresadas.

Pero puede que Platón sea más prudente al insistir en que siempre hemos sido seres sociales y que, así, siempre tendremos que estar de acuerdo sobre lo que es un comportamiento aceptable o inaceptable. Es inevitable tener un código moral de uno u otro tipo. Incluso los hombres más pobres en un tipo de sociedad muy elemental tienen algunas propiedades que quieren proteger. Sin tales acuerdos, las sociedades humanas no podrían siquiera comenzar a existir, incluso si es cierto que los ricos y los poderosos normalmente se lleven la mejor parte del acuerdo.

Glaucón y Adimanto

El debate acerca de la «conducta correcta» lo continúan dos hermanos de Platón: Adimanto y Glaucón. Este último es extremadamente cínico en lo que respecta a la naturaleza humana. Imaginemos que poseyeras el famoso anillo mágico de Giges que te hace invisible a voluntad. ¿Qué harías con él?

Pero, finalmente, incluso los seguidores egoístas y sin escrúpulos de Glaucón son lo suficientemente racionales como para darse cuenta de que salen ganando si siguen unas pocas reglas morales obligatorias. Las reglas hacen que se protejan unos de otros. Así se «inventa» la moralidad, pero solo como una *transacción contractual* entre canallas.

65

Egoístas psicológicos

La de Glaucón es una visión de la naturaleza humana deprimente que, a veces, se denomina «egoísmo psicológico».

LOS SERES HUMANOS SON TAN FEROCES Y DESPIADADOS COMO BESTIAS DEPREDADORAS. POR TANTO, LA MORALIDAD ES MERAMENTE UNA CONVENIENCIA.

MI HERMANO ADIMANTO ESTÁ DE ACUERDO CON ESTE ANÁLISIS Y APOYA LA CONCLUSIÓN DE TRASÍMACO.

LO MEJOR ES «HACER LO INCORRECTO Y EVITAR QUE NOS PILLEN».

Así, la «teoría del contrato» ofrece una explicación «naturalista» de la moralidad. La ética es meramente un convenio humano de conveniencia.

La teoría del contrato social de la moralidad

Esta visión cínica de la naturaleza y la ética humanas ha atraído a muchos otros filósofos, en particular al inglés **Thomas Hobbes** (1588-1679).
Solía explicar por qué necesitamos gobiernos autoritarios fuertes: para **hacer cumplir** estas reglas morales acordadas mediante un contrato.

La vida sin gobiernos pronto se vuelve «desagradable, brutal y corta». Por ello, no sorprende descubrir que la gente que prefiere gobiernos fuertes normalmente también suele tender a tener una visión pesimista de la naturaleza humana.

Pero ¿es esto cierto?

Quizás prudentemente, Platón no se preocupa por argumentar en contra de estas opiniones cínicas, sino que simplemente procede a explicar sus propias y únicas teorías sobre la naturaleza humana, la sociedad, la ética y la política. Las explicaciones psicológicas egoístas del comportamiento humano normalmente tienden a autoconfirmarse y son difíciles de refutar.

Las explicaciones contractuales de la sociedad, la moralidad y de los gobiernos también dependen de esta historia extraña de individuos solitarios que deambulan en un Estado presocial que después se encuentran con otros y establecen «contratos» entre ellos.

La epistemología de Platón

Hasta este momento Platón permite en *La República* dar su opinión a toda una serie de filósofos diferentes y, a menudo, subversivos, muchos de los cuales parecen bastante modernos en sus opiniones. Pero, entonces, *La República* degenera en un monólogo virtual en el que los compañeros de Sócrates están mansamente de acuerdo con todo lo que dice y se termina este vivo debate.

Sin embargo, antes de que continuemos con la política o la ética de Platón, es crucial comprender su teoría del conocimiento (su «epistemología»), porque todo lo demás se deriva de esta. La teoría del conocimiento de Platón es realmente lo que lo hace famoso, a pesar de que nadie la comprende por completo y, el propio Platón finalmente alberga graves reservas al respecto.

SIN EMBARGO, TODAS LAS IDEAS FILOSÓFICAS DE PLATÓN SOBRE ÉTICA, POLÍTICA, EDUCACIÓN, ARTE, Y PRÁCTICAMENTE TODO LO DEMÁS, DEPENDEN DE ELLA.

Y, COMO YA HEMOS DICHO, SI SE MUESTRA QUE LA EPISTEMOLOGÍA ES INVÁLIDA, ENTONCES TAMBIÉN SE DERRUMBA EL RESTO DE SU FILOSOFÍA.

¿Qué es el conocimiento?

Existen dos tipos de conocimiento. Uno es el tipo de conocimiento cotidiano que tenemos del mundo que obtenemos por medio de los sentidos (normalmente denominado conocimiento «empírico»). Platón creía que este tipo de conocimiento era lo suficientemente útil como para que la gente ordinaria continuara con su vida cotidiana. Pero no era el conocimiento verdadero. Como Heráclito, Pitágoras y, quizás, Sócrates, Platón creía que el mundo empírico era una especie de ilusión, un velo que nos ocultaba la verdad auténtica.

EL MUNDO COTIDIANO ESTÁ LLENO DE COSAS APARENTEMENTE DIFERENTES QUE SON INHERENTEMENTE INESTABLES Y QUE SIEMPRE SE HAYAN EN PROCESO DE CAMBIO.

DIFERENTES PERSONAS EXPERIMENTAN ESTE MUNDO SUPERFICIAL DE FORMAS DIFERENTES Y TIENEN PUNTOS DE VISTA DIFERENTES SOBRE SUS CUALIDADES.

SU TAMAÑO, SU PESO, SU ATRACTIVO, Y ASÍ SUCESIVAMENTE.

Esto significa que solo pueden tener «opiniones» sobre este mundo, y no conocimiento como tal. Es imposible cualquier conocimiento permanente o fiable de este mundo sensorial. Todos vivimos rodeados de sombras, sueños, reflejos y copias inferiores de algo mejor.

Universales y particulares

El mundo que contemplamos a nuestro alrededor está plagado de «particulares», ejemplos individuales de cosas: jirafas, lápices, democracias, amigos, puertas rojas, mesas. Todas estas cosas son también «contingentes»: solo pueden existir en un momento y lugar específicos. Para hacer que este mundo lleno de millones de particulares diferentes tenga sentido, los agrupamos inteligentemente en grupos o clases, simplificándolo y obteniendo un mejor control del mismo.

NO SIEMPRE ESTÁ CLARO SI ESTAS CLASES SON NATURALES Y SE ENCUENTRAN REALMENTE «AHÍ FUERA», O SI SON SIMPLEMENTE UN SISTEMA CONVENIENTE DE CLASIFICACIÓN HUMANA BASADO EN NUESTRAS PROPIAS GENERALIZACIONES.

A VECES, HAY COSAS QUE PARECEN NO «ENCAJAR» EN NINGUNA DE LAS CLASES QUE SUPONEMOS QUE SON «NATURALES», COMO EL ORNITORRINCO, UN MAMÍFERO CON PICO DE PATO QUE PONE HUEVOS.

Cuando buscamos cualquier palabra en un diccionario, como «jirafa» o «lápiz», encontramos una definición de estos **universales** o clases. El diccionario proporciona una definición basada en lo que tienen en común todas las jirafas. No se refiere a ninguna en particular llamada «Raymond» que viva en el Zoo de Londres.

71

Paradigmas y copias

El mundo se encuentra lleno de jirafas individuales y particulares que «pertenecen» a un universal, o clase, llamada «la jirafa». Qué son exactamente los universales es uno de esos enigmas que la mayoría de la gente sensatamente ignora, pero que siempre han preocupado a los filósofos. Platón fue el primero en darse cuenta de que los universales eran problemáticos.

LOS EXPLICÓ DICIENDO QUE LA JIRAFA INDIVIDUAL Y PARTICULAR QUE VEMOS, AL IGUAL QUE RAYMOND, DEBE SER UNA COPIA INFERIOR DE UNA «JIRAFA UNIVERSAL» PERFECTA Y PERMANENTE.

Así es cómo sabemos, en primer lugar, qué son esas criaturas de cuello alargado cuando vemos ejemplos individuales de ellas. De qué forma existe realmente esta «jirafa perfecta», qué tipo de realidad posee y quién la puede realmente experimentar, son preguntas que Platón intenta responder, pero no siempre con mucho éxito. Nos presenta un sistema epistemológico de «dos mundos»: las **Formas perfectas** y las **copias imperfectas**.

El desconcertante mundo de las Formas

Este mundo de **paradigmas** perfectos o de prototipos se denomina normalmente el mundo de las «Formas» ideales de Platón o, más confusamente, el mundo de las «Ideas». Platón da explicaciones diferentes y, a veces, contradictorias de esto y nunca parece que lo hubiera tenido todo muy claro. Sus Formas son eternas e inmutables, los patrones perfectos para los particulares más humildes de nuestro mundo ordinario.

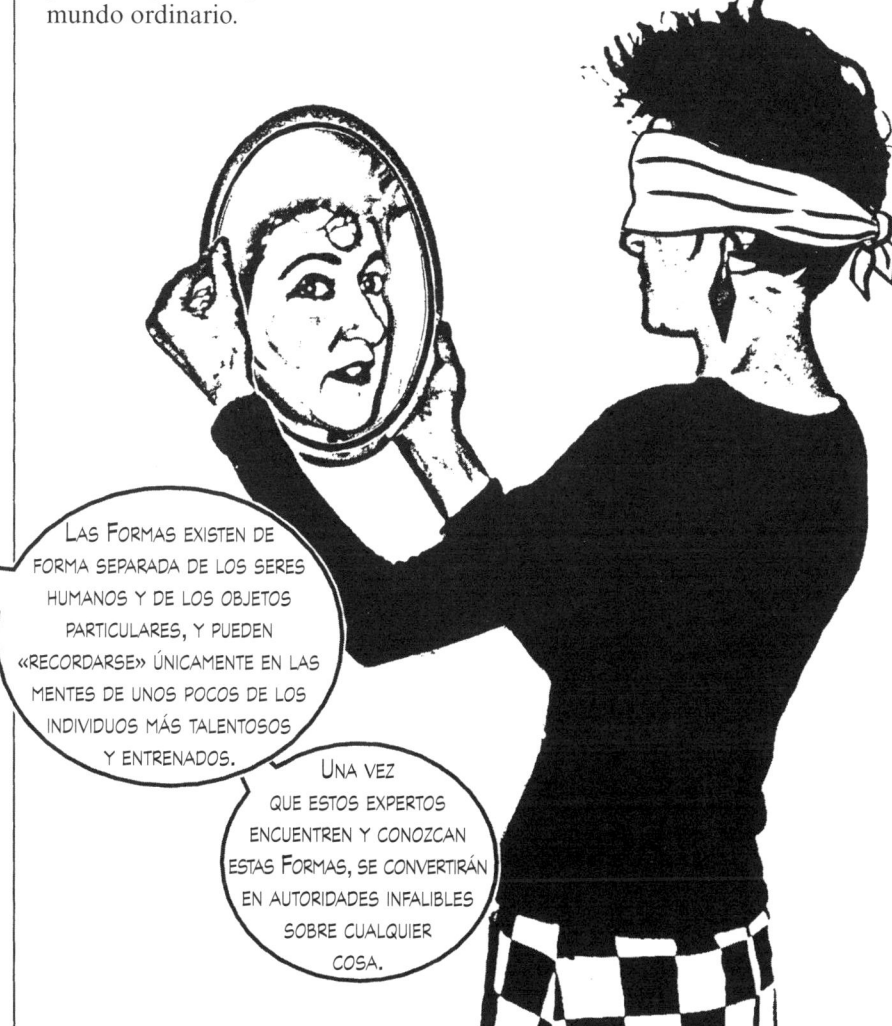

LAS FORMAS EXISTEN DE FORMA SEPARADA DE LOS SERES HUMANOS Y DE LOS OBJETOS PARTICULARES, Y PUEDEN «RECORDARSE» ÚNICAMENTE EN LAS MENTES DE UNOS POCOS DE LOS INDIVIDUOS MÁS TALENTOSOS Y ENTRENADOS.

UNA VEZ QUE ESTOS EXPERTOS ENCUENTREN Y CONOZCAN ESTAS FORMAS, SE CONVERTIRÁN EN AUTORIDADES INFALIBLES SOBRE CUALQUIER COSA.

Las Formas también están organizadas de forma jerárquica en algún tipo de estructura. La Forma de «la Silla» es relativamente trivial y baja, mientras que la Forma de «la Sociedad Justa» es muy importante y se encuentra cerca de la cúspide. Es una epistemología extraña y sorprendente, a menudo, mística y difícil de comprender o precisar. Esto se debe en parte a que se concibe como una especie de «visión» y, por tanto, no se puede comunicar de forma directa.

Por qué Platón necesitaba las Formas

Sabemos cuánto impresionó Heráclito a muchos filósofos griegos con su visión de un mundo material en movimiento continuo e inestable. Una respuesta a esta filosofía es concluir que no es posible conocimiento alguno: la opinión de los escépticos. La solución de Platón es sugerir que existe un mundo **alternativo** de ideas inmutables y que es **ahí** donde reside el conocimiento.

Se puede hacer una copia inferior de un círculo dibujándolo en la arena, pero la «Circularidad» misma es un concepto idealizado que solo puede concebir la mente. Se pueden comprar seis huevos, pero nunca encontrarás un «6», excepto en la mente.

Las figuras geométricas y los números son puros, permanentes, indestructibles, y nunca te decepcionan. Dos más dos son siempre cuatro.

MUCHOS INTELECTUALES GRIEGOS PENSABAN QUE EL ESTUDIO DE LAS MATEMÁTICAS ERA PRÁCTICAMENTE UN TIPO DE EDUCACIÓN MORAL.

PORQUE CON LOS NÚMEROS UNO SE ACERCA A LO QUE ES FINALMENTE «REAL».

Platón quedó hechizado por matemáticas y, pensó que todo el conocimiento debería ser similar si es que llegaba a ser alguna vez permanente y, de este modo, ser «considerado» conocimiento verdadero.

Una pequeña digresión

La idea de que todo el conocimiento tiene que ser como las matemáticas es, naturalmente, algo muy discutible. Platón parece que nunca estuvo muy interesado en el conocimiento de cómo cambian las cosas y, parece que confundió «conocimiento» con «permanencia». Los científicos modernos no comparten su desprecio por la observación empírica.

A LAS EXPLICACIONES MATEMÁTICAS DEL UNIVERSO SE LES CONCEDE EL ESTATUS DE «MODELOS».

HASTA QUE ESOS MODELOS NO SE CONTRASTEN CON LA NATURALEZA, A MENUDO CON EXPERIMENTOS MUY INGENIOSOS.

Las matemáticas también señalan el camino para nuevos y diferentes géneros de investigación empírica. Los dos tipos de conocimiento no son diferentes en grado, sino en género. Las matemáticas no son «mejores», sino «diferentes».

Pero continúa habiendo muchos matemáticos, llamados «Platónicos», que comparten la admiración de Platón por las matemáticas.

CREEMOS QUE LAS MATEMÁTICAS SON PARTE DE LA ESTRUCTURA DEL UNIVERSO Y QUE NUESTROS CEREBROS PARECEN ESTAR ESPECIALMENTE «CABLEADOS» PARA APRECIARLO.

PARA ELLOS, LAS MATEMÁTICAS SON UN MILAGRO QUE HEMOS DESCUBIERTO.

NO SON UNA HERRAMIENTA QUE HAYAMOS INVENTADO, COMO CREEN OTROS MATEMÁTICOS.

Las definiciones socráticas

Como hemos visto, Sócrates pasó la mayor parte de su vida intentando sin éxito establecer definiciones haciendo preguntas. Cuando pregunta «¿qué es la valentía?», no quiere una lista de ejemplos, sino una definición de la «valentía en sí». Supone que una vez que sepa lo que realmente **es** la valentía siempre sabrá cómo aplicar el concepto sobre un particular individual en cualquier tipo de circunstancia.

PLATÓN PARECE HABER COMPARTIDO ESTA CREENCIA DE LA IMPORTANCIA DE LA DEFINICIÓN.

UNA FORMA DE DESCUBRIR CÓMO OBTENER ESTE TIPO DE DEFINICIÓN ES PREGUNTÁNDONOS QUÉ ES LO QUE TIENEN EN COMÚN COSAS DIFERENTES.

PENSABA QUE SI SE HACÍA ESTO TENDRÍAMOS UNA BUENA OPORTUNIDAD DE DESCUBRIR SU «NATURALEZA ESENCIAL».

Un buen cuchillo, un buen soldado, un buen perro, todos tienen una cosa en común. Así pues, examinando esos diferentes ejemplos de forma cuidadosa, debería ser posible descubrir qué es realmente la «Bondad en sí». Entonces, dispondríamos de una definición sensata de la palabra «bueno», pero, y lo que es más importante, una visión profunda de la esencia de la «Bondad en sí».

Palabras, ideas y cosas

Normalmente Sócrates era poco claro en lo que respecta a si estaba hablando de palabras, ideas o cosas (el idioma griego carecía de indicadores del habla, lo que probablemente haya contribuido a confundir las cosas). A menudo es posible alcanzar definiciones viables de *palabras*, pero frecuentemente no hay «definiciones reales» de las *cosas*.

ES MUY FÁCIL CONVENCERSE A UNO MISMO DE QUE EXISTE UNA RESPUESTA REAL CUANDO SE HACE UNA PREGUNTA COMO «¿QUÉ ES LA JUSTICIA?».

PERO, NORMALMENTE, TODO LO QUE PODEMOS LOGRAR SON DEFINICIONES Y EXPLICACIONES ALTERNATIVAS.

TAMPOCO AYUDA SI SUPONEMOS QUE, PORQUE PODAMOS OBTENER ESTE TIPO DE DEFINICIONES PARA LAS MATEMÁTICAS Y LA GEOMETRÍA, SE PUEDAN LOGRAR PARA TODO LO DEMÁS.

Definiciones y Formas

Parece que Sócrates finalmente abandonó la búsqueda de definiciones absolutas, a pesar de que siempre creyó que existían de alguna manera. Quería devolver la estabilidad al lenguaje para que el debate filosófico tuviera algún fundamento.

En sus libros, como en el *Fedón* y en el *Menón*, Platón va dando tumbos hacia la sorprendente nueva doctrina que finalmente concluyó la cruzada por las definiciones últimas.

Las Formas y los particulares

Platón explica cómo es posible descubrir definiciones perfectas. Traza una distinción clara entre todos los particulares terrenales que ejemplifican la belleza y la idea de «Belleza en sí», porque eso es lo que queremos conocer.

La «Belleza en sí» existe de forma separada de las cosas bellas, que solo conocemos como «bellas» porque en nuestra mente tenemos una comprensión vaga de la «Forma» de Belleza.

La relación entre las Formas y los particulares

Platón intentó explicar de forma satisfactoria la desconcertante relación entre las Formas y los particulares, pero nunca lo logró. La teoría evolucionó y cambió con el tiempo, y a menudo es inconsistente. A veces Platón sugiere que las Formas las «comparten» los particulares individuales, a veces sugiere que los particulares «imitan» las Formas.

El conocimiento de las Formas solo se puede lograr a través del intelecto en un proceso de descubrimiento que Platón compara de forma misteriosa con «ver», con una especie de «ojo interior».

Todos nacemos con conocimiento de las Formas porque las hemos encontrado en nuestras vidas anteriores. Ese es el motivo por el que somos capaces de interpretar toda la información que nos proporcionan los sentidos.

SOLO RECONOCEMOS A RAYMOND COMO UNA JIRAFA PARTICULAR PORQUE ES UNA COPIA DE LA FORMA «LA JIRAFA» QUE YA «CONOCEMOS».

ASÍ ES CÓMO EXPLICA LA TEORÍA DE PLATÓN POR QUÉ LAS COSAS SON COMO SON.

Las cosas bellas son bellas porque participan de la Forma de Belleza. Reconocemos cosas amarillas porque todas participan del mismo Amarillo perfecto. Y así sucesivamente. Cuanto más intentes explicarlo, más raro suena. Pero tenía mucho sentido para muchos griegos del siglo v a.C., sobre todo debido a la lengua con la que pensaban y hablaban.

El determinismo lingüístico

El idioma griego era chispeante, de gran riqueza poética y flexible. Pero estaba conformado de tal forma que era casi inevitable que Platón configurara su teoría idealista. Los nombres abstractos griegos como «Belleza» se formulaban como «**La** Belleza» (**tò kalón**), lo cual incita a pensar que la «Belleza» realmente «existe» de alguna manera. El verbo griego «saber» siempre conlleva un objeto directo, con lo que Platón diría «Sé de Menón, que es rico».

Para Platón, adquirir conocimiento es como encontrarse con algo o alguien, algo parecido a tener una relación. Así, si conoces un concepto como la «Belleza en sí», entonces te has «encontrado» con él. La palabra griega para «Verdadero» (**aletheia**) era la misma que para «Real». Así, lo que es verdad debe ser real.

Si las palabras con las que pensaba Platón operaban así, no sorprende que creyera que los universales fueran algo así como particulares grandes, superiores y fantasmales.

Todo está en griego

No todo el mundo estará de acuerdo con que el griego antiguo fuera engorroso para hacer filosofía. Para el filósofo alemán **Martin Heidegger** (1889-1976), el griego era el «hogar original del Ser», no solo el primero, sino también el lenguaje fundamental que establece toda la filosofía posterior. El alemán, como el griego, hace que a sus sustantivos les precedan artículos masculino, femenino y neutro, lo que también le permite a Heidegger pensar de forma «extraña» en «**La** Nada», *Das Nichts*.

PUES, JUNTO CON EL ALEMÁN, EL GRIEGO ES EL MÁS PODEROSO Y ESPIRITUAL DE LOS LENGUAJES.

ADEMÁS, EL GRIEGO NO EVITÓ QUE ARISTÓTELES CONSIDERARA QUE LAS «FORMAS» DE PLATÓN ESTUVIERAN EQUIVOCADAS.

EL LENGUAJE PUEDE INFLUENCIAR NUESTRO PENSAMIENTO, PERO NO CONTROLAR POR COMPLETO NUESTRA MENTE.

LOGOS

NINGÚN LENGUAJE ESTÁ LIBRE JAMÁS DE SUS PROPIOS «EMBRUJOS».

Ludwig Wittgenstein (1889-1951) pensó y escribió en alemán, como Heidegger, pero con el muy diferente propósito de combatir las «trampas» y «embrujos» del lenguaje.

El conocimiento perfecto: la República perfecta

Platón buscaba desesperadamente un sistema filosófico inexpugnable que durara para siempre frente a las incertezas de los sofistas, su moral destructiva y su cinismo político. Al inventar esta epistemología «indiscutible», pensaba que podía establecer estructuras morales y políticas firmes para su República.

QUIENES CONOZCAN ESTE CONOCIMIENTO PERFECTO SERÁN AQUELLOS QUE DEBERÍAN GOBERNAR.

Parece que Platón siempre prefirió la perfección a la vida. Como Pitágoras, también pensaba que sus claros patrones de explicación debían ser ciertos debido a su simetría entrelazada.

Respuestas claras

Las Formas debían ser auténticas porque ofrecían respuestas muy claras a muchas cuestiones filosóficas diferentes.

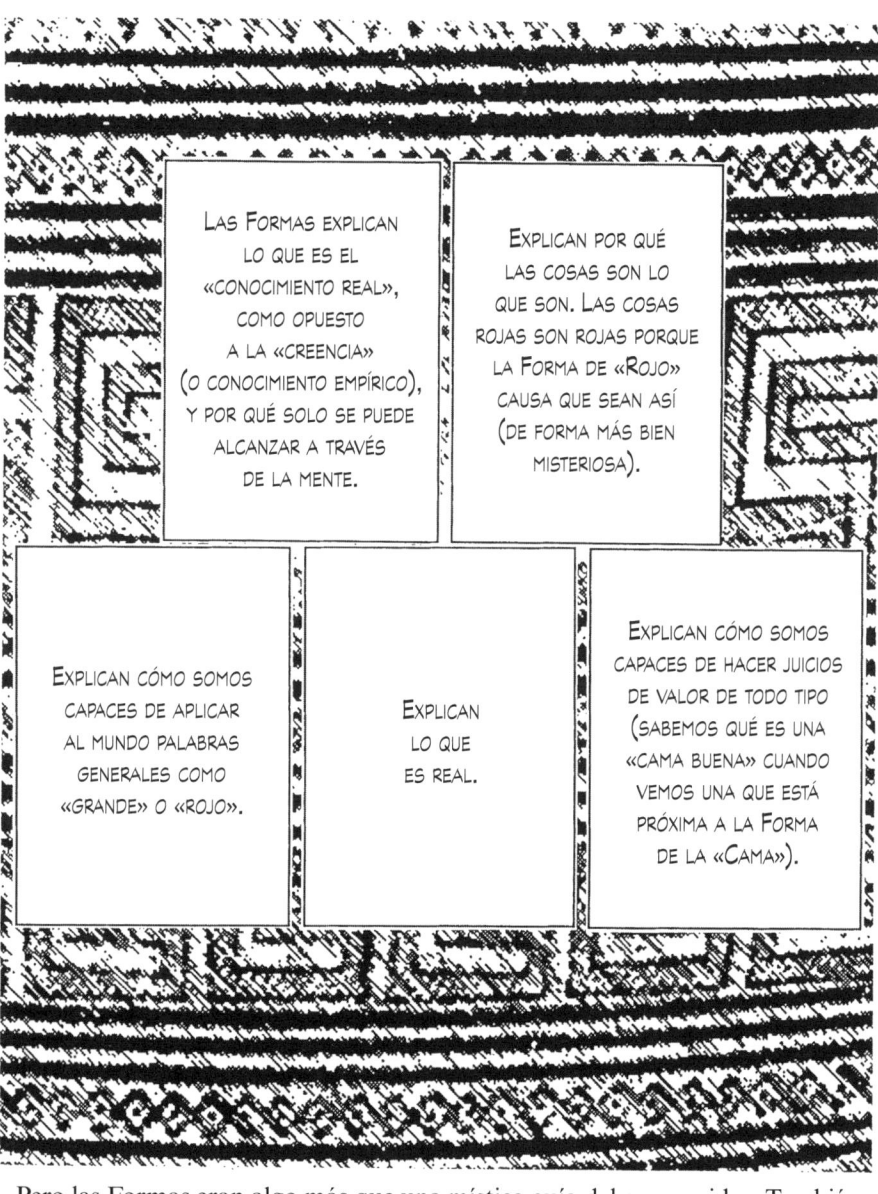

LAS FORMAS EXPLICAN LO QUE ES EL «CONOCIMIENTO REAL», COMO OPUESTO A LA «CREENCIA» (O CONOCIMIENTO EMPÍRICO), Y POR QUÉ SOLO SE PUEDE ALCANZAR A TRAVÉS DE LA MENTE.

EXPLICAN POR QUÉ LAS COSAS SON LO QUE SON. LAS COSAS ROJAS SON ROJAS PORQUE LA FORMA DE «ROJO» CAUSA QUE SEAN ASÍ (DE FORMA MÁS BIEN MISTERIOSA).

EXPLICAN CÓMO SOMOS CAPACES DE APLICAR AL MUNDO PALABRAS GENERALES COMO «GRANDE» O «ROJO».

EXPLICAN LO QUE ES REAL.

EXPLICAN CÓMO SOMOS CAPACES DE HACER JUICIOS DE VALOR DE TODO TIPO (SABEMOS QUÉ ES UNA «CAMA BUENA» CUANDO VEMOS UNA QUE ESTÁ PRÓXIMA A LA FORMA DE LA «CAMA»).

Pero las Formas eran algo más que una mística guía del consumidor. También proporcionaban estándares morales y políticos que permitirían a unos pocos expertos con talento salvar Atenas de toda la incerteza moral y política y, así, preservarla para siempre.

Críticas a la teoría de las Formas

El propio Platón se dio cuenta finalmente de que existían muchos problemas en esta teoría y los expresó en el *Parménides*, lo que hace pensar a muchos académicos que Platón abandonó la teoría de las Formas por completo. Todos los problemas se centran en la desconcertante relación entre las Formas y los particulares.

Este «argumento del tercer hombre» es un ejemplo de lo que los filósofos denominan «regreso al infinito». No prueba que la teoría de las Formas esté equivocada, pero señala que hay algo muy extraño en ella.

Más problemas

Platón también se dio cuenta de que, si los particulares «comparten» una Forma de alguna manera, entonces supuestamente todos poseen una **parte** de la Forma. Esto implica que las Formas son tanto «una» como «múltiple», lo cual no es muy lógico. Platón también estaba inseguro sobre si existían Formas de objetos creados por el hombre.

SI LAS FORMAS SON ETERNAS E INMUTABLES, DEBERÍAN EXISTIR FORMAS DE COSAS QUE ESTÁN POR INVENTAR...

... COMO ASPIRADORAS PARLANTES O COCHES VOLADORES, LO CUAL PARECE EXTRAÑO.

Y si todos los particulares del mundo son copias de Formas, entonces supuestamente deberían existir Formas de particulares repugnantes y desagradables, para la suciedad y la caspa, el cólera y la guerra. Así, no es posible que las Formas fueran siempre ideales inmaculados y universales.

90

Consecuencias

La teoría de las Formas genera confusiones terribles entre cosas, pensamientos, ideas y palabras. El problema central es la **ontología** (o «realidad») de las Formas: Platón, a menudo se refiere a ellas como si fueran meros particulares incorpóreos más bien especiales que existen en un lugar sin especificar, además de en la mente humana. Esto conduce a todo tipo de preguntas extrañas.

¿CÓMO ES LA FORMA DE LA SILLA?

¿ES «BELLA» LA FORMA DE LA BELLEZA?

Platón también afirma que solo las Formas son «reales» y que, de alguna manera, los particulares son «menos reales», como si la realidad fuera una cuestión de grado. Es una idea extraña con la que se divirtió **Lewis Carroll** (1832-98) en su *Gato de Cheshire*, que se desvanecía poco a poco, y que oscilaba entre ser real, medio real y no existir.

El conocimiento cierto y verdadero

Platón concibe el conocimiento como algo que solo poseerán algunos pocos expertos. Dado que cree que «saber» y «conocer» son más o menos lo mismo, sostiene entonces que el conocimiento tiene que ser una especie de encuentro personal y místico.

Actualmente desconfiaríamos de esta afirmación. Pensamos en el conocimiento como algo que **tiene** que ser transmisible, que se puede almacenar en bibliotecas y en CD-ROM, estar disponible para todos y ser compartido por diferentes tipos de comunidades.

PLATÓN TAMBIÉN PENSÓ QUE UNA VEZ QUE «SUPIERAS» ALGO, NUNCA MÁS COMETERÍAS ERRORES.

AHORA SOMOS MÁS «FALIBILISTAS».

Pensamos en el conocimiento como algo más provisional: algo que puede cambiar, y no estamos completamente seguros de lo que creemos saber.

Entonces, ¿qué son los universales?

El alumno estrella de Platón, Aristóteles, consideraba que los universales eran «reales», pero que no existían de forma separada de los particulares individuales. Otros, como los filósofos empiristas británicos, sostenían que los universales son un tipo de imagen mental a la que llegamos a través de un proceso de abstracción. Vemos muchos árboles y, así, los generalizamos en una imagen mental de «El Árbol» que nos permite usar el término general «árbol» de forma apropiada. Pero el cómo es en realidad un «árbol mental» se convirtió en un problema central para el filósofo **John Locke** (1632-1704).

¿UN ABETO?
¿UN ROBLE?
¿UN ARCE?

Estos problemas surgen de forma natural si, como Platón, se concibe el pensamiento como un examen interno de imágenes mentales.

Los «nominalistas» parecen más sensatos porque afirman que los universales son meras palabras. Esto implica que lo único que tienen en común los árboles es que les aplicamos el término general «árbol». Pero esto sugiere que no hay una correspondencia en absoluto entre el mundo tal como es y nuestra práctica lingüística, lo cual es una coincidencia bastante difícil de aceptar.

QUIZÁS NUESTRO CONOCIMIENTO DE LOS UNIVERSALES NO SEA MÁS QUE SABER CÓMO UTILIZAR LOS TÉRMINOS GENERALES.

O CÓMO RECONOCER «SIMILITUDES FAMILIARES» ENTRE COSAS DIFERENTES.

Wittgenstein sugirió que nuestro «anhelo» por generalidades definitivas nunca se verá satisfecho en última instancia, y es bastante poco saludable. Pero sería equivocado pensar que se ha resuelto «el problema de los universales». Platón comenzó un problema filosófico que aún causa razonamientos y discusiones y que no está «resuelto» por completo.

La filosofía política de Platón

Una preocupación central de la filosofía política es la incómoda relación que existe entre el individuo y el Estado. El punto de vista «liberal» es que el Estado meramente existe para satisfacer las necesidades y deseos de individuos libres aislados. Esta es la concepción de filósofos sofistas como Trasímaco. El punto de vista «comunitario» de Platón subraya la naturaleza social de los individuos. Lo que nos hace humanos en primer lugar es nuestra pertenencia a un grupo.

LOS INDIVIDUOS SOLO EXISTEN COMO MIEMBROS DE UNA SOCIEDAD. ES INEVITABLE QUE SE UNAN EN LAS PRÁCTICAS SOCIALES, ECONÓMICAS Y POLÍTICAS ESTABLECIDAS EN LA SOCIEDAD.

Por tanto, se puede juzgar a los individuos, sobre todo en términos de su contribución al Estado. Algunos comunitaristas radicales como Platón subrayan la prioridad de una vida comunal armoniosa, incluso si solo se puede lograr a costa de las libertades individuales.

El argumento por analogía

Esto explica por qué Platón comienza clarificando lo que es el «comportamiento correcto». Para ello, dice que, al igual que es más sencillo leer letras grandes que pequeñas, también es más sencillo entender a los seres individuales prestando atención primero a sus sociedades. Su analogía implica que el Estado es como un individuo muy grande. Platón está encariñado con este tipo de «argumento por analogía». Los filósofos lo llaman «confusión».

Cómo surgen las sociedades

Platón comienza explicando, en primer lugar, cómo los individuos llegan a formar sociedades tan complejas como el Estado. Sugiere que los primeros seres humanos disfrutaban de una vida «natural» sin preocupaciones y que solo tenían necesidades simples que se satisfacían con facilidad. No había problemas de orden interno y, así, ninguna necesidad de gobiernos. Desafortunadamente, la gente pronto desarrolló el gusto por los lujos.

La división del trabajo

Estas exigencias solo se pueden satisfacer mediante una «división del trabajo» o un aumento de los especialistas, cuyas propias necesidades solo pueden ser satisfechas mediante sociedades cada vez más sofisticadas. La dieta de la gente también cambiará. Exigirán carne además de pan y vino.

LA NECESIDAD DE CRIAR GANADO IMPLICA QUE EL TERRITORIO QUE ANTES ERA SUFICIENTE PARA SUSTENTARNOS SERÁ AHORA DEMASIADO PEQUEÑO.

Solo se pueden obtener más tierras mediante la guerra, y las guerras siempre son más fáciles de ganar con soldados profesionales.

Educar a los soldados de la República

Platón era muy consciente de los peligros intrínsecos que supone mantener un ejército profesional permanente. Los «perros guardianes» podrían decidir fácilmente convertirse en los gobernantes. La solución de Platón es educar a todos los soldados en sus responsabilidades cívicas.

EL ESTADO DEBE POSEER EL CONTROL DE TODA LA EDUCACIÓN.

YA NO SE PUEDE DEJAR EN MANOS DE FAMILIAS INDIVIDUALES O DE SOFISTAS ERRANTES.

El propio programa educativo de Platón en *La República* se basa en los métodos espartanos que conformaron un ejército que ganaba guerras, así como una sociedad estable y eficiente.

La educación ateniense se basaba tradicionalmente en el estudio de los mitos griegos. Los aprendices de las nuevas clases militares y administrativas de Platón ignorarían las historias inmortales de los dioses griegos.

Suena a que esto es una vida rigurosa y aburrida. Pero una educación así es de vital importancia. Si se le va a otorgar poder político absoluto a unos pocos individuos, entonces es esencial su dedicación desinteresada al bienestar del Estado.

El mito de los cuatro metales

A lo largo de *La República*, Platón subraya la necesidad de expertos en cada área de la vida social: zapatería, medicina, navegación y cualquier otra destreza. Cree que gobernar es también un tipo de capacidad que se puede enseñar a unos pocos individuos talentosos y con autodisciplina que muestren aptitud para el estudio. Estos individuos se elegirán de entre los militares y se les promoverá a la clase denominada de los «guardianes».

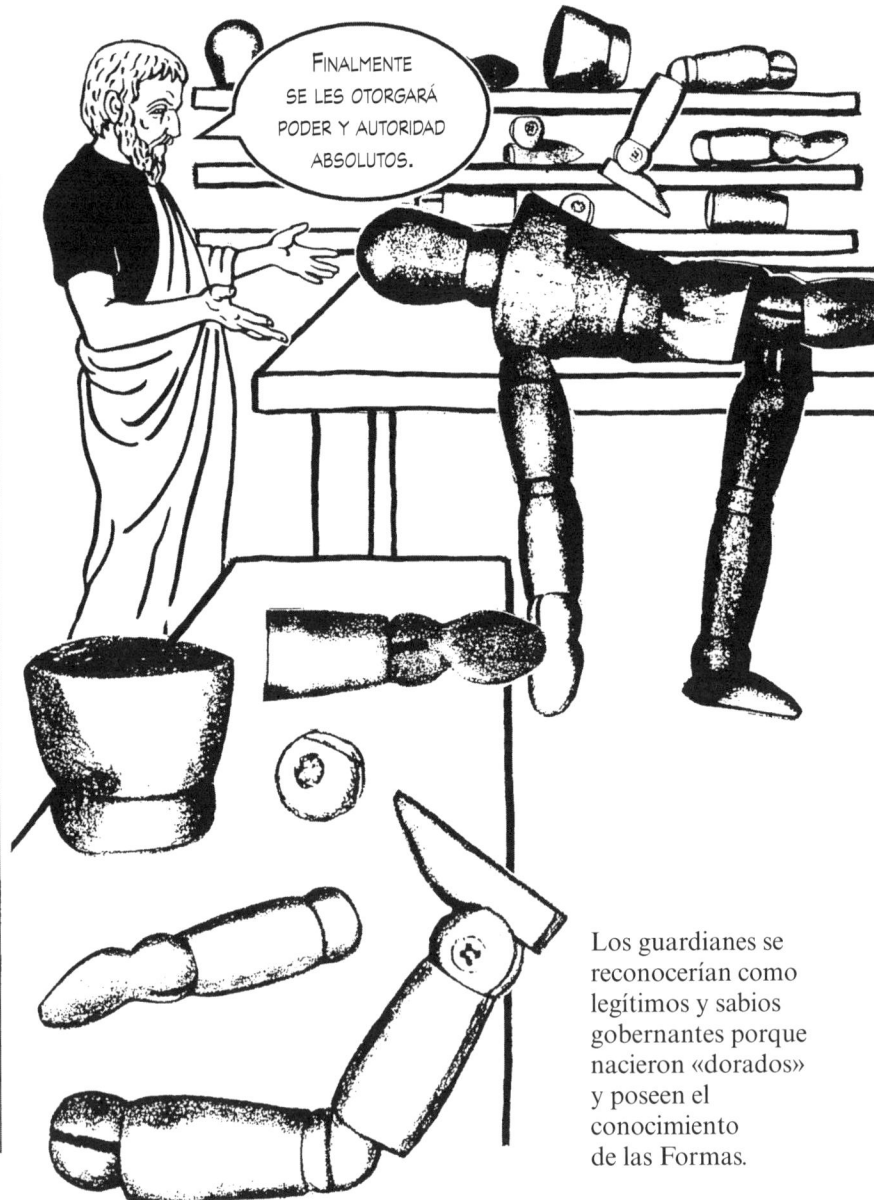

FINALMENTE SE LES OTORGARÁ PODER Y AUTORIDAD ABSOLUTOS.

Los guardianes se reconocerían como legítimos y sabios gobernantes porque nacieron «dorados» y poseen el conocimiento de las Formas.

Todos los ciudadanos de la República deben ser socializados desde una edad temprana para aceptar este estado de cosas como natural.

Todos serán persuadidos a creer el mito de que todos los individuos nacieron de forma predeterminada como personas de oro, plata, hierro o bronce.

El mito de la caverna

Platón explica, a continuación, cómo los guardianes serían educados para conocer las Formas en la famosa alegoría de **El prisionero y la caverna**. Érase una vez unos prisioneros a los que se les había encadenado en una caverna desde su nacimiento. Su única realidad eran las sombras de un muro creadas por los objetos que se transportaban enfrente de un fuego. Un prisionero logra escaparse. Se da la vuelta y logra ver lo que está ocurriendo.

En última instancia logra arrastrarse hasta fuera de la oscura caverna, hasta la luz del día. Ve el mundo real y, finalmente, el propio sol, la fuente de toda la luz diurna. Vuelve a la caverna con las buenas noticias, pero sus compañeros prisioneros no solo no le creen, sino que le amenazan con ejercer violencia sobre él si insiste en repetirles su aventura.

¿Qué significa esto?

Los seres humanos son igual que prisioneros. Cuando contemplan el mundo material, todo lo que ven es un engañoso despliegue de sombras y copias. Unos pocos que han «escapado» de esta visión inocente lo han logrado debido a su conocimiento de las matemáticas puras y de la geometría.

SABEN QUE EL VERDADERO CONOCIMIENTO PROVIENE DE PENSAR, NO DE MIRAR.

Y las Formas perfectas solo se «ven» mentalmente si están iluminadas por la Forma primaria de la «Bondad en sí»: tan brillante como el sol.

Este es el motivo por el que el conocimiento de las matemáticas es un paso previo esencial para cualquier tipo de sabiduría moral o política.

Su labor es integrarse en el mundo práctico de la política y usar su conocimiento especial para ayudar al Estado. Por tanto, dado que existen *dos tipos* de conocimiento, debe haber *dos tipos* de personas. Los miembros de uno de los tipos están destinados a ser gobernados por los miembros del otro.

La colmena armoniosa y el alma

La República utópica de Platón es jerárquica y con forma piramidal. Unas pocas personas de oro (o «prisioneros fugados») serán los guardianes-gobernantes infalibles. Las personas de plata serán los soldados y los funcionarios. La mayoría serán la gente de hierro y bronce: los productores de riqueza. Esta colmena armoniosa canturrea alegremente porque todos conocen su lugar y realizan sus tareas asignadas sin cuestionarlo. Esta sociedad tripartita es también «natural» porque es análoga a la estructura del alma individual humana.

EL ALMA ESTÁ COMPUESTA DE **RAZÓN**, **ESPÍRITU** Y **APETITO**.

Estas cualidades se encuentran en diferentes cantidades en los muy racionales «guardianes» de oro, en los enérgicos «guerreros» de plata y en los trabajadores de hierro y bronce impulsados por el apetito. Un hombre dominado por la codicia es como un Estado gobernado por los mandos inferiores. Un hombre que es valiente, pero ignorante, es como una sociedad de soldados primitivos. Y un hombre perfecto y un Estado perfecto están ambos gobernados sabiamente por el conocimiento y la razón. La «justicia» (o el comportamiento correcto) en el Estado es la misma que la justicia en el individuo. Platón parece estar convencido de que, si las ideas parecen encajar de forma inevitable y consistente en patrones como estos, entonces deben ser verdaderas.

La gran mentira

Para la segunda generación, ya todo el mundo creerá que este mito de castas jerárquicas es natural e inevitable. Platón se contenta con admitir que esta sociedad jerárquica debe estar basada en una mentira.

MUCHOS SIGLOS MÁS TARDE, KARL MARX ACUÑÓ EL TÉRMINO «IDEOLOGÍA» PARA EXPLICAR CÓMO OPERA REALMENTE ESTA MENTIRA EN LA SOCIEDAD.

IDEOLOGÍA

TODO PODER POLÍTICO Y ECONÓMICO SE DISFRAZA SIEMPRE COMO «NATURAL» PARA HACERLO MÁS ACEPTABLE.

EL FILÓSOFO MARXISTA ANTONIO GRAMSCI (1891-1937) FUE MÁS ALLÁ.

LOS CIUDADANOS ESTÁN EDUCADOS PARA ACEPTAR ESTE TIPO DE PODER «HEGEMÓNICO» Y «NATURALIZADO» QUE LES PARECE UN PRODUCTO DE SU PROPIO CONSENSO.

Platón parece no tener reparos morales a la hora de imponer esta «gran mentira» a todos los ciudadanos, a pesar de que no dice si habría algún «grupo interno» que conozca siempre la mentira por lo que realmente es.

La extraña vida del guardián

Platón reconoció de inmediato la importancia política de la educación. Sus guardianes «dorados» adoctrinan a futuros guardianes para asegurar que la República perfecta nunca cambia. Las vidas de los guardianes individuales están también muy controladas.

Platón aprobó la eugenesia espartana. Esto implica que el sorteo que asigna compañeros sexuales durante los «festivales de reproducción» están siempre amañados para asegurar que solo se reproduzcan los especímenes sanos. Se «deshacen en silencio y de forma secreta» de la «descendencia defectuosa».

A los guardianes de Platón no se les permite ninguna libertad individual o personal. Sus vidas son reguladas y monásticas, comunales e impersonales, aburridas y dignas. Pero poseen poder absoluto.

Su carencia de posesiones mundanas y compromisos familiares les convierten en incorruptibles.

Su República es meritocrática: los hierros talentosos pueden ascender hasta convertirse en oro.

Y no es sexista.

Los guardianes son una casta ascética y sacerdotal de políticos expertos cuya palabra es ley. Platón creía claramente que, con el tiempo, cualquier acuerdo político y social, sin importar lo extraño que fuera, podría finalmente obtener la aceptación y verse considerado como «natural». Considera que la naturaleza humana es extremadamente maleable, con lo que es bastante factible producir guardianes femeninos que no mostrarán ningún remordimiento cuando se vean obligados a abandonar a sus hijos recién nacidos y, guardianes masculinos que nunca acepten chantajes.

Los guardianes y las Formas

El gobierno absoluto de los guardianes sería burocrático. No habría
«imperio de la ley». Cada ciudadano y situación particular concreta serían
juzgados por los guardianes en función de su conocimiento infalible de las
Formas. La democracia sería superflua, pues lo que quiere la mayoría no
tiene por qué ser lo correcto y verdadero.

Cuando el prisionero que se ha fugado ve finalmente el mundo exterior de
la cueva oscura, realiza un viaje desde la oscuridad amoral hasta la luz
moral del sol, un símbolo de «lo Bueno» o de la «Bondad en sí».

112

Al igual que necesitamos ojos físicos para ver con ellos, del mismo modo los guardianes disponen de un «ojo interior» (o «razón») que les permite «ver» las Formas.

Pero, en este punto, parece que hemos dejado atrás la filosofía y entrado en el reino del misticismo político.

El absolutismo moral

Sócrates sostenía que la moralidad es un tipo especial de conocimiento que siempre se elegirá una vez conocido. Platón parece haber estado de acuerdo, pero argumentaba que este conocimiento debe estar restringido a los guardianes expertos que siempre «saben» las respuestas «correctas» para todos los problemas morales.

No hay lugar para el arte

Debe subrayarse que conocemos muy poco sobre los filósofos sofistas presocráticos. Pero parte de lo que sabemos proviene de la «mala prensa» que tuvieron por parte de Platón. Una cosa parece clara. Eran defensores del arte, que con sus «trucos» y naturaleza escurridiza cuestionaban la certeza de la realidad. Podemos aventurar que Platón no aprobaba ningún tipo de arte, literario o visual. Se pregunta, «¿qué es el arte? ¿Qué hace un artista cuando pinta una flor?».

Los artistas son una especie de locos inspirados, pero mentirosos, y son desterrados de la República utópica de Platón. Sin embargo, estaría permitido un «arte del Estado» autorizado de forma oficial.

El estado del arte

Las conclusiones de Platón sobre el arte son escalofriantes. Podemos leerlas como sombrías advertencias de lo que hemos presenciado como las consecuencias del arte «aprobado por el Estado» en el siglo XX. El arte doctrinario nazi en la Alemania de Hitler, el «realismo socialista» en la Rusia de Stalin y los horrores puritanos de la «Revolución Cultural» en la China de Mao Tse-Tung: ¿son estos los ejemplos de lo que podría ocurrir si se aplicaran a la realidad las ideas de Platón?

La paradoja

Y, sin embargo, por alguna extraña paradoja (¿o se trata de un simple malentendido?) Platón siempre ha sido uno de los filósofos favoritos para los propios artistas, especialmente en la versión «neoplatónica» adoptada por el Renacimiento italiano. Platón, quien condenó y desterró el arte, se hizo célebre como el fundador real de la estética. ¿Cómo puede tener esto algún sentido? Quizá la mejor respuesta sea la neoplatónica que dio el escultor, pintor y arquitecto renacentista **Miguel Ángel Buonarroti** (1475-1564).

EL ARTE NO IMITA UNA «COPIA DE UNA FORMA IDEAL»...

LIBERA LA FORMA IDEAL QUE SE ENCUENTRA ESCONDIDA EN SILENCIO EN LA MATERIA.

Las críticas

Platón parece haber depositado su fe en una «geometría moral» que resultaría ser tan cierta e indiscutible como las matemáticas. Proporcionaría al Estado una seguridad y estabilidad totales.

ES UNA DOCTRINA ÉTICA QUE LA MAYORÍA DE LOS FILÓSOFOS MODERNOS RECHAZARÍAN POR MUCHOS MOTIVOS.

ES ABSOLUTISTA E INFLEXIBLE.

UNA VEZ CONSULTADAS, LAS FORMAS PROPORCIONARÍAN LOS DICTÁMENES MORALES QUE SE MANTIENEN PERMANENTES, CLARAS, UNIVERSALES Y, DE ESTE MODO, OBLIGATORIAS PARA TODOS

Pero la mayoría de nosotros creemos ahora que los dictámenes o reglas morales se parecen más a generalizaciones útiles. **Normalmente** está mal mentir y robar, pero no **siempre** (como señaló el propio Sócrates). Tampoco está claro cómo los códigos morales de comportamiento pueden llegar a ser alguna vez una rama del conocimiento que pueda demostrarse que es verdadera. ¿Qué tipo de evidencia o demostración **demostraría** la verdad de una regla moral como «robar está mal»?

No muchos filósofos creen ahora que existan «hechos» morales. Los valores morales son completamente diferentes de los hechos, y parece haber entre ellos una «brecha es-debe ser». Parece más sensato describir los códigos morales como creencias, sentimientos u órdenes universales fuertemente arraigados. También parece cada vez más improbable que podamos «fundamentar» las leyes morales humanas apelando a entidades transcendentes no humanas como las Formas. Todo esto implica que es muy improbable que se pueda justificar la creencia de Platón en términos de «expertos» morales.

A ALGUNAS PERSONAS LES GUSTA QUE LES DIGAN CÓMO COMPORTARSE EN SUS QUEHACERES COTIDIANOS.

PERO MUCHOS CREEN QUE LA MORALIDAD DEBE IMPLICAR ALGÚN GRADO DE ELECCIÓN Y COMPROMISO PERSONAL.

Ser un individuo moral es mucho más que seguir órdenes dictadas desde arriba. Y en nuestro propio siglo somos ahora muy recelosos de la «moralidad del Estado».

El barco del Estado

En *La República*, Platón explica (mediante dos fábulas) por qué la democracia es una pobre forma de gobierno. La fábula más famosa es la del «barco del Estado». Érase una vez, una tripulación amotinada que se apoderó de un barco y decidió realizar un viaje de placer. Se peleaban mucho y seguían a un líder persuasivo, pero estúpido.

Esta alegoría aclara de forma ostensible por qué los sistemas democráticos de gobierno siempre van acompañados de estupidez y desastre.

Los gobiernos democráticos tienen que adoptar una visión a corto plazo y, así, navegan sin rumbo.

La bestia salvaje

Platón también pensaba que era muy sencillo para los políticos democráticos aparentar ser sabios y no partidistas mientras son, de hecho, descaradamente populistas. Son como falsos adiestradores de animales que fingen dar órdenes a una bestia salvaje y sin entrenamiento.

Los políticos democráticos son meramente los esclavos de aquellos a los que pretenden gobernar, y la gente ordinaria es voluble, violenta y bestial.

Pero fábulas como esta no son realmente ninguna prueba o evidencia. La sociedad no es un barco, los gobernantes no son navegantes y las personas no son animales salvajes. Un barco tiene un destino claro. Esto claramente no es cierto para las sociedades. ¿Cómo podemos saber cuál debería ser el destino de una sociedad?

UNA TRIPULACIÓN ACUERDA OBEDECER LAS ÓRDENES DURANTE EL VIAJE.

PERO LOS CIUDADANOS QUE CONFORMAN LA SOCIEDAD SON MÁS BIEN PROPIETARIOS DEL BARCO QUE MIEMBROS DE LA TRIPULACIÓN.

ESTO IMPLICA QUE DEBERÍAMOS TENER MUCHO QUE DECIR A LA HORA DE DECIDIR EL CURSO Y LA VELOCIDAD QUE DEBERÍA TOMAR EL BARCO.

Es cierto que los timoneles atenienses eran famosos por su conocimiento de las estrellas y su pericia para navegar alrededor del Mediterráneo. Pero si las Formas no existen, entonces no está del todo claro cómo deberían «pilotar» los guardianes el Estado.

Platón y la gente

La filosofía política de Platón es bastante clara. Cree en una especie de dictadura benévola absoluta de los muchos, gobernada por unos pocos entendidos. Los guardianes son los gobernantes legítimos porque conocen la Forma del «Estado perfecto». La gente ordinaria tiene que renunciar a sus derechos y libertades políticas a cambio del orden y estabilidad armoniosos.

POR TANTO, PLATÓN ES COMPLETAMENTE HOSTIL A CUALQUIER FORMA DE DEMOCRACIA. NORMALMENTE LA ASOCIA CON LA CORRUPCIÓN Y LA VIOLENCIA.

LA GENTE ORDINARIA SENTENCIÓ A SÓCRATES A MUERTE, NUNCA LES PERDONÉ POR ELLO.

A Platón no le gustaba la gente ordinaria porque le parecía ignorante, fácil de manipular y de convertirla en una turba enfurecida.

PERO SI SON IGNORANTES, PROBABLEMENTE SEA MEJOR EDUCARLOS QUE DESPRECIARLOS.

EL FILÓSOFO LIBERAL VICTORIANO JOHN STUART MILL (1806-73) SEÑALÓ LOS MÉRITOS EDUCATIVOS DE LA DEMOCRACIA Y DE LA LIBERTAD DE OPINIÓN.

Defendía, quizás siendo optimista, que, si se les permite argumentar y discutir sobre política a los individuos independientes, estarán automáticamente mejor informados y serán más sabios de lo que lo serán nunca los meros «súbditos» obedientes. Y si se expresan cientos de opiniones políticas diferentes, las más sabias y prácticas sobrevivirán al proceso de debate y desaparecerán las ideas tontas y perniciosas.

No hay evidencia concluyente en la historia reciente que muestre quién tenía razón: Platón o Mill.

LA GENTE A MENUDO VOTA A IDIOTAS CORRUPTOS.

Y A VECES INCLUSO A LÍDERES PELIGROSOS. RECUERDA, HITLER LLEGÓ AL PODER DESPUÉS DE QUE LE VOTASEN...

PERO EN UNA DEMOCRACIA NO SE MANTIENEN EN EL PODER POR MUCHO TIEMPO.

LAS DICTADURAS TIENDEN A PRODUCIR LA MAYOR LOCURA Y SUFRIMIENTO HUMANOS.

Y ESE ES EL TIPO DE GOBIERNO QUE TENÍA EN MENTE PLATÓN.

127

Contra el utopismo

En *La República*, Platón dice que los ideales y los estándares son necesarios para que las cosas mejoren. En *La sociedad abierta y sus enemigos*, **Karl Popper** (1902-94) atacó la filosofía política de Platón por su utopismo, que supone un peligro para una «sociedad abierta» de libertades democráticas.

La República es el «proyecto» de Platón para una sociedad perfecta.

Pero es imposible decir cómo sería una sociedad «perfecta».

Sería inevitable cometer errores garrafales si se intentara crear una.

Las sociedades son siempre imperfectas y están en evolución. Están formadas por seres humanos que nunca son perfectos y que no tienen ningún «destino final» claro.

Los utopistas como Platón hablan, a menudo, sobre «nuevos comienzos» y «comenzar los Estados desde cero», lo que implica que las sociedades existentes se deben destruir antes de que se puedan construir «nuevas Jerusalenes».

LA DESTRUCCIÓN REVOLUCIONARIA POR ALGÚN «IDEAL» REMOTO ENGENDRA NORMALMENTE MISERIA Y PRIVACIÓN PARA LA GENTE ORDINARIA.

PERPLEJOS POR LA INERCIA Y LA IMPERFECCIÓN DE LA GENTE ORDINARIA, LOS VISIONARIOS UTOPISTAS IMPONEN SU DESEO CON UNA VOLUNTAD DE HIERRO.

¡CREEN QUE SUS OPONENTES SON MALVADOS O ESTÚPIDOS!

La historia muestra que las revoluciones engendran normalmente sociedades más opresoras e injustas que aquellas a las que reemplazan. Platón parecía creer que su proyecto era tan convincente que la gente lo aceptaría sin rechistar.

¿Cuál es el gobierno «correcto»?

Antes de juzgar a Platón con demasiada dureza debemos recordar que su visionaria República ha servido durante 2.000 años para hacernos *pensar políticamente* sobre qué gobierno es finalmente el mejor. *La República* finaliza con un análisis de las diferentes formas de gobierno. El gobierno **timocrático** (que valora la propiedad o el «valor»), como el de Esparta, está obsesionado con el honor militar.

Esto sugiere más bien que Platón quizás hubiera reprobado las desigualdades y los excesos del capitalismo occidental actual.

Los gobiernos democráticos también están equivocados y son inestables porque las masas no poseen la suficiente inteligencia o bondad para gobernarse a sí mismas. Las democracias también toleran demasiadas opiniones, una debilidad que tiende hacia la falta de certeza y el caos político.

El poder absoluto otorgado entonces a algún tirano siempre conduce a excesos patológicos. Si no hay leyes, los dictadores son libres en realidad de llevar a cabo sus fantasías homicidas más oscuras. Dejan de ser racionales o humanos, con lo que nadie está a salvo.

Las Leyes

Debido en parte a este miedo por el despotismo, Platón reconoce la importancia del imperio de la ley, a pesar de su defensa anterior del gobierno dictatorial de los «guardianes» infalibles. A continuación, se da cuenta de que nadie debería estar nunca por encima de la ley, especialmente los gobernantes poderosos. Los seres humanos son débiles y, por tanto, vulnerables a las tentaciones de todo tipo.

Platón escribió su último libro, *Las Leyes*, cuando ya era mayor. Es un libro largo, repetitivo y, con frecuencia, aburrido. Pero fue su último intento de crear el borrador de una sociedad perfecta.

La segunda República de Platón

La segunda República de Platón (su ciudad-Estado de «Magnesia») está aislada y es autosuficiente. Consiste en 5.040 ciudadanos terratenientes eugenésicamente seleccionados que son atendidos por una gran población de trabajadores (quienes no disponen de derechos políticos).

La vida política del ciudadano individual parece ser más libre y justa tal y como está descrita en *Las Leyes*. Hay más gente que puede opinar sobre cómo están funcionando las cosas y, sus libertades están aseguradas por el imperio de la ley.

La teocracia

Por desgracia, la vida del ciudadano individual en la nueva y mejorada República de Magnesia no es muy atractiva. Sus «leyes» son fijas, eternas y no son negociables.

El Estado está dirigido por el inquietante grupo del «Consejo nocturno», conformado por «aquellos que conocen»: los intérpretes de la ley divina (y, así, secular).

Los disidentes están confinados por un período de hasta cinco años, reciben instrucción y, si eso no funciona, son finalmente ejecutados. En comparación, la anterior colmena armoniosa de oro, plata y hierro casi parece atractiva.

¿Qué haría Platón con Sócrates?

Los contemporáneos atenienses de Platón creían que todos los ciudadanos deberían mostrar una estricta observancia hacia las ceremonias públicas y los rituales sagrados, pero normalmente permitían que los individuos tuvieran sus propias opiniones religiosas privadas. Muchos de ellos habrían reprobado la teocracia absoluta e intolerante de Platón. Es muy improbable que incluso tras cinco años de confinamiento solitario y formación obligatoria Sócrates se hubiera convencido para aceptar tal intolerancia religiosa y política.

Las Leyes conforman un final decepcionante para un conjunto de obras filosóficas que comenzaron con un compromiso total con la libertad de habla y pensamiento de Sócrates.

DADO QUE PLATÓN NO PUEDE DISPONER DE GENTE PERFECTA, INSISTE EN LEYES PERFECTAS QUE SE DEBEN SEGUIR...

PORQUE SON... PERFECTAS.

Pero partiendo de la evidencia de nuestra propia época, parece claro que los sueños por obtener sociedades perfectas dispuestas según leyes perfectas solo se pueden lograr mediante formas de represión de pesadilla.

Por suerte, no toda la filosofía de Platón trata exclusivamente de la política y el poder. Gran parte de ella trata de otros temas.

El banquete

El banquete (o *El simposio*) se escribió probablemente al mismo tiempo más o menos que *La República*. Los «symposia» eran las fiestas de sobremesa que se celebraban después de cenar y que normalmente implicaban juegos y entretenimientos de diversos géneros, así como conversaciones de altura. La discusión de *El banquete* trata sobre la «verdadera naturaleza del amor», y se desarrolla entre Sócrates y muchos otros atenienses famosos, como el dramaturgo cómico **Aristófanes** (ca. 448-388 a.C.) y el pícaro político **Alcibíades** (ca. 450-404 a.C.). Aristodemo es nuestro narrador de estas conversaciones.

Amor homosexual y heterosexual

El «amor» del que están hablando es el homosexual. Para la mayoría de los varones atenienses, el amor heterosexual era considerado como poco más que un impulso procreador inferior. La mayoría de las mujeres atenienses desempeñaban un papel muy escaso en la vida pública y estaban confinadas a las tareas domésticas. El matrimonio no se consideraba como una asociación entre iguales.

EL PROPIO PLATÓN SE SENTÍA MUY ATRAÍDO POR BELLOS JÓVENES.

Y LAS AMISTADES QUE TUVO CON ELLOS FUERON, POR LO GENERAL, BASTANTE DESASTROSAS.

Sin embargo, parece que se convenció a sí mismo de que el amor homosexual físico podría transformarse finalmente en algo trascendentalmente espiritual. Este es el motivo por el que el término «platónico» se ha utilizado posteriormente para describir ciertos tipos de relaciones no-físicas.

Entonces, ¿qué es el amor?

Aristófanes, el ingenioso dramaturgo, hace una proposición más interesante. Afirma que todo el mundo consistía originalmente en tres géneros: masculino, femenino y hermafrodita.

COMO CASTIGO, ZEUS NOS DIVIDIÓ A TODOS EN GÉNEROS ÚNICOS.

ASÍ, EL AMOR SIEMPRE INTENTA ENCONTRAR NUESTRA «MITAD PERDIDA», INDEPENDIENTEMENTE DE SI ES MASCULINA O FEMENINA.

EL AMOR ES MUCHO MÁS QUE LA BÚSQUEDA DE LA GRATIFICACIÓN SEXUAL: ES LA BÚSQUEDA DE UN YO PERDIDO.

Agatón (el anfitrión) está de acuerdo con que el amor es una especie de anhelo: tiende hacia un objeto bello que todavía no poseemos.

Las Formas más puras

De forma bastante sorprendente, es una mujer, Diotima, quien continúa el debate. Insiste en que el amor es la unión entre los mundos sensible y espiritual. Si el amor es lo que tiende hacia lo bello, y la sabiduría es bella, entonces el amor es la manifestación del alma humana en búsqueda de la verdadera sabiduría de las Formas.

Un tipo de amor homosexual más elevado y noble deja atrás el mundo físico de las sensaciones, pero no es «estéril» porque «engendra» ideas y descubrimientos y, es una de las causas esenciales de la civilización misma.

Alcibíades entra en escena

Felizmente, en este momento aparece en escena el borracho y despreciable Alcibíades para rebajar el tono de la conversación hasta un nivel más refrescante y humano. Se mofa de Sócrates por ser tan puro y tan practicante del autocontrol.

Finalmente, todos se duermen o vuelven a casa.

Aristodemo (nuestro narrador en estas conversaciones) se despierta para ver a Sócrates aún declamando.

El *Timeo*

En este libro, se anima al personaje principal, Timeo, a que plantee su versión del origen del universo. Critias continúa entonces con la historia de las hazañas atenienses bajo la tutela de la diosa Atenea en la época en la que fue derrotada y destruida la mítica ciudad de Atlantis.

Atlantis: la leyenda de la ciudad perdida

Critias embelesa a todos con sus poéticas alusiones a Atlantis y, sus descripciones de la ciudad han hipnotizado a muchos fantasiosos que han llegado a realizar afirmaciones dudosas y no probadas sobre su ubicación «real».

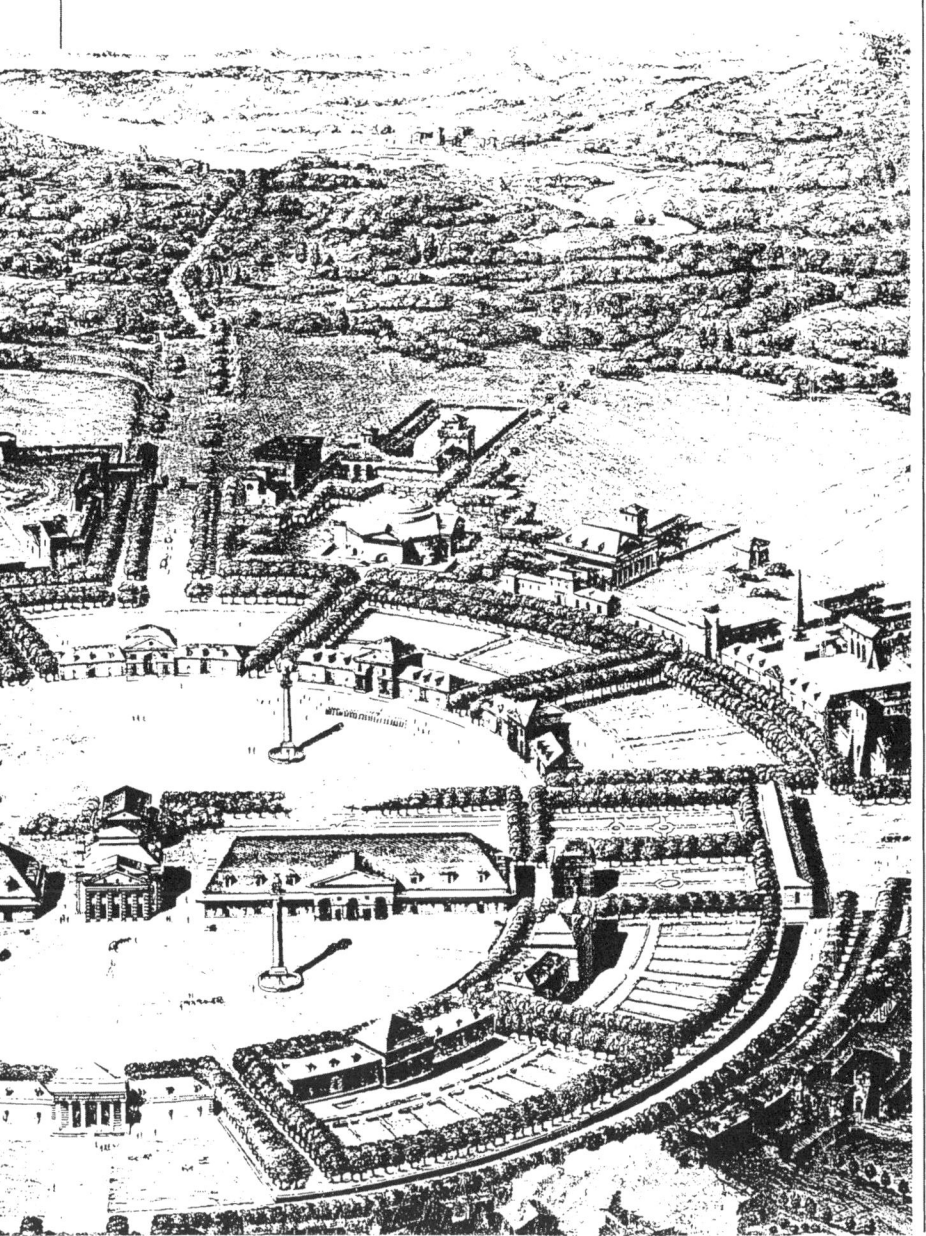

La cosmología en el *Timeo*

Como era de esperar, Timeo es el portavoz del platonismo ortodoxo. El mundo físico que podemos ver es meramente el mundo del «devenir»: una pobre copia del mundo «real» de las Formas que solo podemos comprender a través del pensamiento. Dado que el universo es imperfecto, entonces debe haber sido creado por algún «demiurgo» u «obrero-artista» divino que impuso formas a la materia amorfa.

Platón está de acuerdo con el filósofo presocrático **Empédocles**
(ca. 490-430 a.C.) en que los cuatro elementos, tierra, aire, fuego y agua
se unen en diferentes combinaciones para dar lugar a todo lo demás.
En el mundo existen también diferentes tipos de seres vivos. Los seres
humanos son los más extraños de todos porque
poseen almas inmortales.

Por desgracia, los que no lo merecen vuelven en formas recicladas
para intentar lograr de nuevo la inmortalidad estelar. En este punto
Platón parece estar de acuerdo con la doctrina de la **metempsicosis**
o reencarnación, como hiciera Pitágoras.

La teoría de la partícula triangular

Timeo procede, a continuación, a explicar con meticuloso detalle cómo se combinan diferentes tipos de triángulos de distintas formas para conformar los cuatro elementos. Como sabemos, Platón estaba convencido por la visión pitagórica de que el universo físico es, en última instancia, matemático. Estaba igualmente al tanto de las teorías reduccionistas del escéptico presocrático **Demócrito** (460-370 a.C.).

Platón supone que el Creador habría producido una física de partículas que fuera armoniosa matemáticamente y, así, ofrece su propia versión: diferentes combinaciones de triángulos muy pequeños.

Platón y la teoría de cuerdas

Desafortunadamente, el universo no está compuesto de triángulos isósceles y escalenos, y parece haber alrededor de 100 elementos en lugar de solo cuatro. Gran parte de su especulación ya no tiene más que interés histórico. Pero, incluso si la física de Platón está equivocada en los detalles específicos, la creencia subyacente parece acertada. Si los seres humanos logran un conocimiento profundo del universo, parece que la mejor forma de alcanzarlo será mediante el enfoque matemático y reduccionista. Ahora disponemos de amplios conocimientos de las «cosas» infinitesimalmente pequeñas que rondan de forma impredecible entre la materia y la energía que conforman nuestro universo. Gran parte de esta comprensión proviene de las matemáticas, y no solo de los experimentos con caros aceleradores de partículas. Los «experimentos mentales» cosmológicos y matemáticos actuales sugieren que vivimos en un universo asimétrico de 11 dimensiones conformado no por triángulos, sino por objetos muy pequeños que vibran como las cuerdas de un violín emitiendo «notas» que los seres humanos solo podemos percibir como energía o materia. Esta «teoría M» completamente matemática parece imposible de comprobar porque las «cuerdas» son ridículamente pequeñas. ¡Una máquina experimental para probar esta teoría debería ser tan grande como la propia Vía Láctea!

La *jora*

El *Timeo* también está repleto de ideas extrañas e interesantes sobre cómo eran las cosas antes de que las «cosas» mismas llegaran a existir. «*Jora*» es el nombre de Platón para toda la materia sin forma que existía antes de que nada se formara, categorizara y etiquetara. Con lo que si, como muchos posmodernistas, crees en que nuestra experiencia del mundo siempre está mediada y falsificada por categorías lingüísticas, entonces el concepto de «*jora*» es muy útil. La semiótica y psicoanalista **Julia Kristeva** (1941) lo reutiliza como un término para describir todas las experiencias que no pueden captar los significantes...

COMO LA EXPERIENCIA MÍSTICA DEL ESPACIO CORPORAL COMPARTIDO HABITADO POR LA MADRE Y EL HIJO.

Al apropiarse de este concepto platónico, puede explorar la naturaleza de las relaciones, a menudo, infelices y engañosas que tienen las palabras con la experiencia humana.

El *Sofista*: enigmas y confusiones

El *Sofista* es el principal intento de Platón por construir una filosofía analítica, en la que se pregunta por la naturaleza del «ser». Examina las insuficiencias de las posiciones tanto realistas como idealistas. Lo que «existe» o es «real» tiene que significar más que simplemente «lo que es tangible».

NADIE NIEGA LA EXISTENCIA DE INTANGIBLES COMO LA SABIDURÍA, LA JUSTICIA Y EL ALMA.

PERO LO QUE ES «REAL» TAMBIÉN PUEDE, A MENUDO, DESPLAZARSE Y PENSAR: CON LO QUE EL «SER» DEBE SER ALGO MÁS QUE IDEAS.

El *Sofista* es un libro difícil, complejo e incierto, principalmente debido a las confusiones en los pensamientos y el lenguaje del propio Platón. Se pregunta si «ser» es lo mismo que «ser activo», y aborda muchos otros problemas filosóficos.

El lenguaje, los pensamientos y las cosas

El *Sofista* abre un avispero de confusión metafísica. La causa principal de perplejidad parece recaer en el verbo «ser». Platón parece pensar que si se dice «X está caliente», entonces te has comprometido de alguna manera con la creencia de que «X existe». Este es un motivo por el que pensaba que las Formas debían poseer algún tipo de existencia especial.

PERO «ES» EN «ROBINSON ES UN ANARQUISTA» NO ESTÁ HACIENDO NINGUNA AFIRMACIÓN SOBRE LA EXISTENCIA DE ROBINSON.

SIMPLEMENTE SE RELACIONA CON EL ANARQUISMO, O LO «PREDICA» DE ÉL.

Sin embargo, es un libro interesante para los filósofos debido a las cuestiones que plantea y a los enigmas lingüísticos que genera. Los filósofos a veces mezclan palabras, ideas y cosas. Algunas de las causas de las confusiones verbales y filosóficas de Platón solo se han aclarado y comprendido recientemente.

El *Teeteto*

El *Teeteto* es otro libro técnico como el *Sofista*, en el que Sócrates, Teeteto y otros filósofos discuten sobre diferentes teorías del conocimiento. Sabemos que Platón normalmente es despectivo con respecto al conocimiento empírico que se deriva de nuestros sentidos. Solo es un género de conocimiento de tipo temporal, subjetivo, que tenemos sobre «copias». Es mejor que la ignorancia, pero para nada parecido a la «cosa real». Sin embargo, en este diálogo Platón examina cómo percibimos el mundo material e intenta explicar cómo es posible esta percepción. Considera que la percepción es un tipo de proceso bidireccional.

EL OJO EMITE LUZ Y ESTO LE PERMITE PERCIBIR LA LUZ EMITIDA POR LAS PARTÍCULAS SOBRE LA SUPERFICIE DE UN OBJETO.

Esta explicación le compromete con una teoría de la percepción como un proceso activo. Nuestros sentidos reciben datos «crudos» del mundo, que se convierten, a continuación, en una forma de información que podemos utilizar de forma efectiva. Como muchos otros filósofos posteriores, Platón está sugiriendo que nuestra percepción limitada del mundo y su realidad pueden ser cosas muy diferentes.

Las sensaciones y el conocimiento

Teeteto, un buen empirista, argumenta que, al final, la percepción humana debe ser nuestra única fuente verdadera de conocimiento. Sócrates ataca esta opinión al defender que, si este fuera el caso, entonces todas las ilusiones sensoriales, como los espejismos, tendrían que ser clasificadas como «conocimiento».

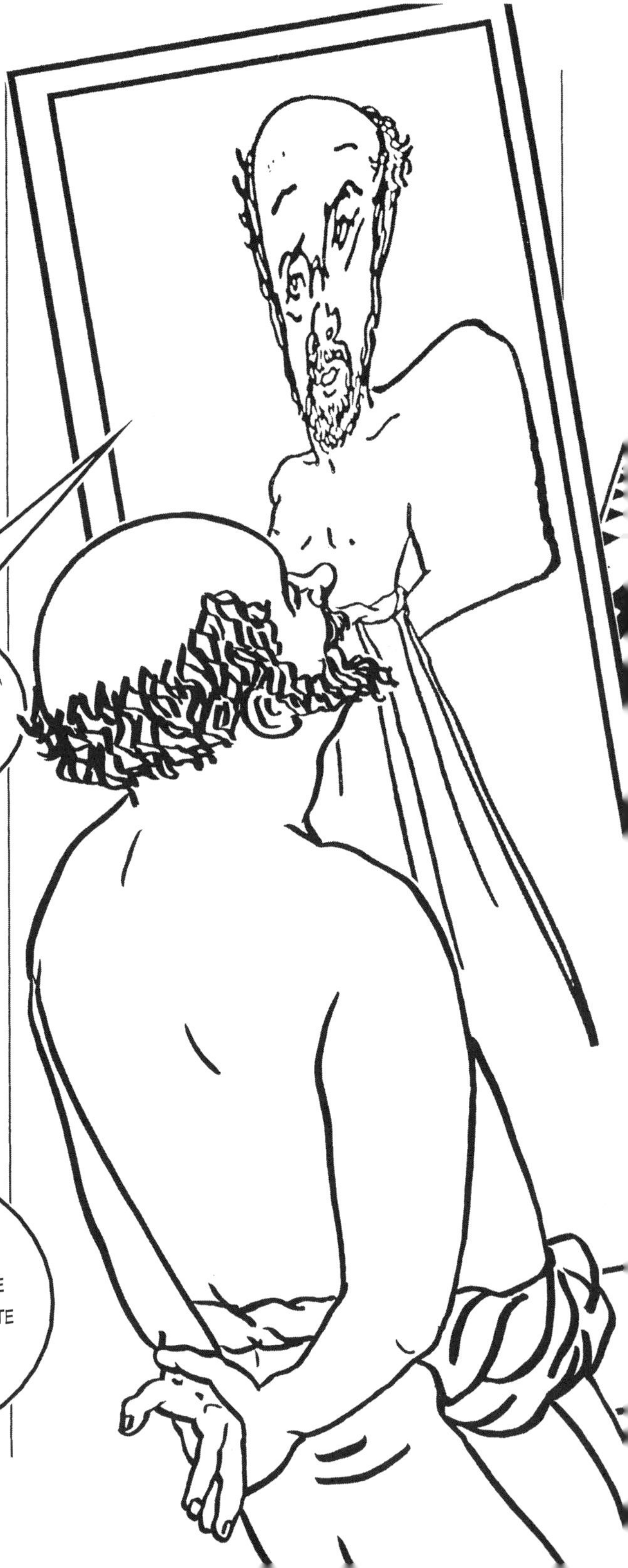

TAMBIÉN UNO SE COMPROMETERÍA CON LA CREENCIA ILÓGICA DE QUE CADA OPINIÓN SUBJETIVA INDIVIDUAL DEL MUNDO ES IGUALMENTE CIERTA.

SI ESTE FUERA EL CASO, ENTONCES NUNCA PODRÍA HABER EN EL MUNDO NINGÚN CONOCIMIENTO FIABLE DE OBJETOS, SINO SIMPLEMENTE UNA SERIE DE EXPERIENCIAS SENSORIALES INDIVIDUALES CONTRADICTORIAS.

Sócrates está señalando con sensatez que el conocimiento y la comprensión verdaderos van más allá de la mera experiencia sensorial. El mundo de Heráclito está sujeto constantemente al movimiento y al cambio. Todo lo que de hecho percibimos son patrones de luz, sombras, texturas y formas cambiantes.

ESTE ES EL MOTIVO POR EL QUE TENEMOS QUE USAR NUESTRAS MENTES PARA INTERPRETAR LO QUE VEMOS.

NUESTROS SENTIDOS SON «HERRAMIENTAS» O CAPACIDADES COMPLEJAS MÁS BIEN QUE SIMPLES RECEPTORES PASIVOS.

Existe una gran diferencia entre «tener sensaciones» y una «conciencia inteligente».

Las teorías de la percepción

En el *Teeteto*, Platón parece que, a veces, se acerca hacia algún tipo de teoría de la percepción de tipo «realista representativa» o, incluso, «fenomenalista» (lo que realmente podemos percibir son imágenes mentales internas del mundo, más bien que el propio mundo externo). Sin embargo, otras veces parece ser más bien un realista ingenuo (lo que percibimos es ciertamente el propio mundo).

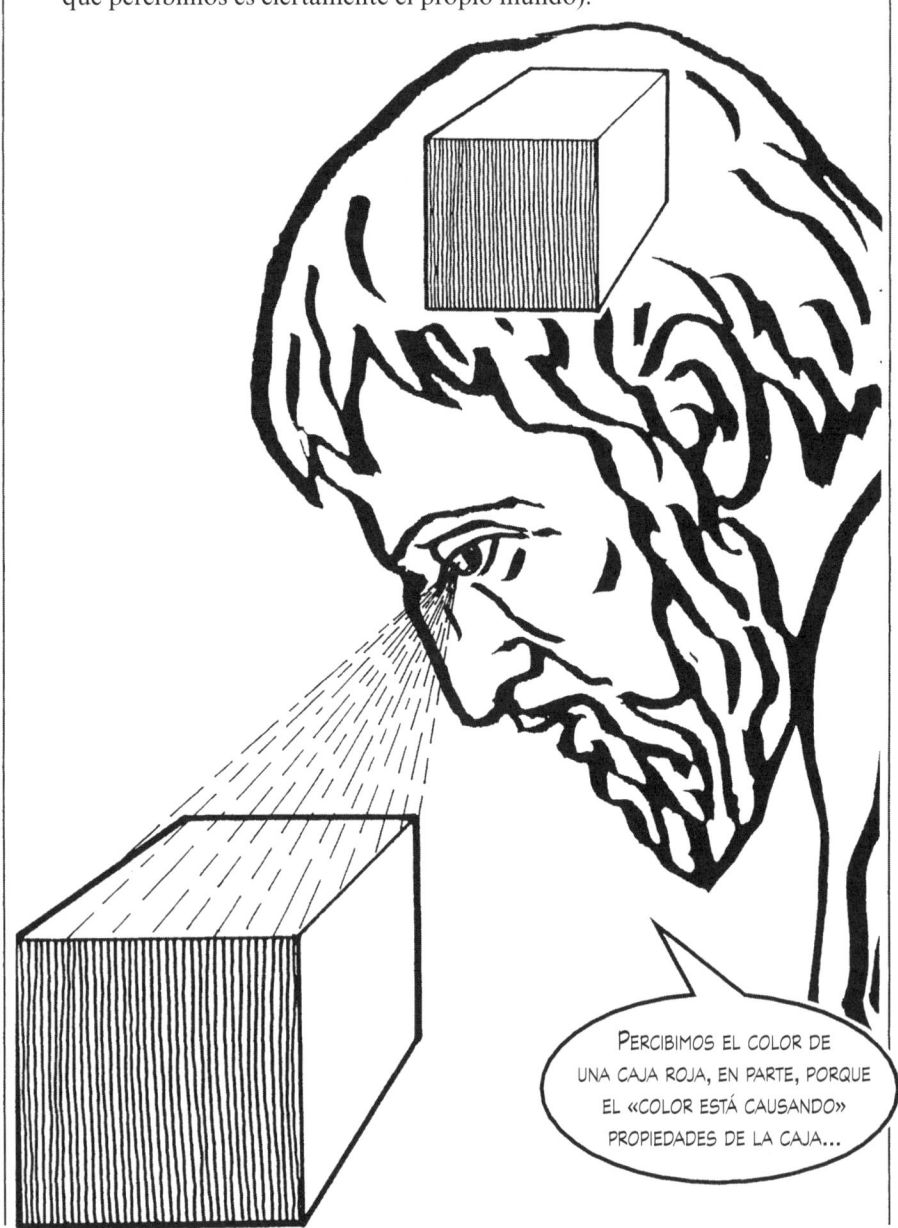

PERCIBIMOS EL COLOR DE UNA CAJA ROJA, EN PARTE, PORQUE EL «COLOR ESTÁ CAUSANDO» PROPIEDADES DE LA CAJA...

¿Cómo tenemos pensamientos equivocados?

Pero, al final, Platón continuó siendo un «racionalista»: un filósofo que cree que el mejor y más permanente conocimiento debe obtenerse a través de la mente. Un problema para los filósofos racionalistas es este: ¿cómo sabes que estás teniendo pensamientos verdaderos? Los empiristas disponen del lujo de ser capaces de contrastar sus ideas con el mundo. Si no se está seguro de si los pingüinos ponen huevos o no, siempre se puede mirar.

Si eres un racionalista, tienes que confiar en nociones más preocupantes de claridad mental, armonía estética y coherencia lógica. Platón estaba preocupado por el hecho de que incluso los filósofos más concienzudos cometen errores serios.

Su respuesta es que las creencias falsas normalmente las causan los caprichos de la memoria. Nuestra memoria es como una tablilla de cera, llena de las impresiones inscritas en ella por las experiencias e ideas pasadas. A veces aplicamos estos recuerdos de forma inapropiada a experiencias presentes y, así, cometemos errores.

CREEMOS QUE CONOCEMOS A ALGUIEN, PERO NO ES ASÍ. DAMOS POR SENTADO QUE LAS TEORÍAS PASADAS DISPONEN DE UN PODER EXPLICATIVO QUE YA NO POSEEN... Y ASÍ SUCESIVAMENTE.

O PEOR AÚN, A VECES RECORDAMOS LOS **ERRORES** COMO VERDADES.

La mente es como un aviario, repleto de pensamientos llenos de color que revolotean en todas direcciones y, a veces cogemos el equivocado. Platón no está muy seguro de cómo podemos llegar a superar este tipo de efectos cerebrales inherentes. Al final, el conocimiento probablemente tenga que ser aquello en lo que creemos, lo que es verdad y lo que podemos identificar con claridad. El conocimiento es más que tener solo creencias que meramente «resultan» ser ciertas: el conocimiento tiene que estar «vinculado» de alguna manera. Pero intentar definir lo que realmente es el conocimiento resulta ser algo muy complicado. Todos los filósofos continúan estando de acuerdo en ello.

El *Fedro*

Este es un libro que trata sobre el amor, la retórica y el lenguaje. Fedro lee un discurso sobre el amor del famoso orador Lisias. Sócrates improvisa, a continuación, sobre el mismo tema repitiendo algunas ideas que encontramos en *El banquete*. Sin embargo, la discusión posterior sobre retórica es más original. En *La República*, Platón siempre es mordaz con los sofistas y la alta estima que profesan a la «conversación eficaz».

LA VERDADERA FILOSOFÍA ES LA BÚSQUEDA COLECTIVA DE LA SABIDURÍA, NO LA ENSEÑANZA DE TRUCOS LINGÜÍSTICOS INTELIGENTES Y PERSUASIVOS PARA JÓVENES AMBICIOSOS.

PERO, EN ESTE DIÁLOGO, SÓCRATES ADOPTA UNA ACTITUD MÁS FLEXIBLE.

LA RETÓRICA ES SOLO UNA HERRAMIENTA Y SE LE PUEDE DAR TANTO UN BUEN COMO UN MAL USO.

¿Qué es la retórica?

La «retórica» nos ha llegado hasta nosotros simplemente como palabrería altisonante, interminable y vacía. Para los griegos tenía un significado completamente diferente. La retórica fue un descubrimiento técnico de crucial importancia sobre cómo funciona realmente el lenguaje y cómo se le puede manipular. «¿Qué es lo que hace que el lenguaje nos sea tan *persuasivo*?». La retórica era la investigación de esta cuestión, relacionada con la **lógica** y con la fundamentación de la **semiótica** (en griego, el «estudio de los signos»), que continuamos utilizando hoy en día. Estos complejos tecnicismos los examina Aristóteles en su influyente tratado sobre retórica. Platón era muy consciente de las técnicas retóricas y, las explotó de manera brillante en sus escritos.

UN DÍA OS OLVIDARÉIS DE QUE «SOFISTICADO» PROVIENE DE «SOFISTA».

LUCHO CONTRA EL ABUSO DEL USO DEMASIADO SOFISTICADO DE LA RETÓRICA QUE AMENAZA CON REEMPLAZAR EL SERIO QUEHACER DE LA FILOSOFÍA.

En contra de la escritura

El diálogo finaliza con una crítica apenas velada de Fedro por leer las ideas de otra persona. Sócrates condena la escritura como método antinatural de registrar el conocimiento. La filosofía nunca está «completa» o «finalizada», sino que siempre se haya en el proceso de «devenir» que solo se puede mantener a través de conversaciones vivas y la acción directa de una mente sobre otra.

Así, concluye Sócrates, la palabra escrita solo es útil si ayuda a la memoria.

El propio Platón poseía una colección de pergaminos, pero no existía en su Academia algo así como bibliotecas o «publicaciones». El conocimiento siempre se presentó de forma oral y, se esperaba que los estudiantes discutieran y debatieran con los profesores y entre ellos. Un estudiante que tomaba notas de las clases de Platón las perdió todas ellas en el mar.

A SU VUELTA, AFIRMÓ HABER COMPRENDIDO FINALMENTE MI MÁXIMA.

SE DEBERÍA ESCRIBIR NO EN LIBROS, SINO «EN EL ALMA».

El ataque de Platón a la escritura parece extraño, dado que es un argumento *escrito*. Ciertamente no era escéptico sobre la capacidad del lenguaje para reflejar la naturaleza de la realidad. Era, en términos de **Jacques Derrida**, un filósofo «logocéntrico». ¿Qué quería decir **Derrida** (1930-2004) con «logocentrismo»?

Deconstruyendo el logocentrismo

El **logocentrismo** se centra en la ambigüedad de la palabra griega *logos*, que se puede referir por igual a «palabra», «pensamiento interno» o a la propia «razón». Esto da lugar a una profunda confusión.

PLATÓN DA PRIORIDAD AL HABLA SOBRE LA ESCRITURA PORQUE SUPONE QUE EXISTE ALGO «FUERA DEL TEXTO» QUE LE OTORGA UN SIGNIFICADO FIJO.

ESTO ES LO QUE QUIERO DECIR CON «LOGO-CENTRADO».

La filosofía occidental desde Platón ha supuesto de forma equivocada que el lenguaje refleja de alguna manera el «significado correcto» de la realidad objetiva. La crítica o **deconstrucción** de Derrida de los textos filosóficos expone su naturaleza metafórica oculta y las creencias inconscientes, de las cuales el propio autor no es consciente. Por ejemplo, en el *Fedro*, Platón puede mantener que al utilizar el término escrito *pharmakon* hablamos tanto de un «veneno» como de una «cura», pues tiene estos sentidos múltiples de medicina, remedio, veneno, droga, amuleto, encantamiento y, así sucesivamente. Derrida muestra que el propio lenguaje de Platón, a menudo, opera directamente contra las ideas que intenta transmitir.

Voces privadas y públicas

Pero, a pesar de que se podría hacer que el propio texto del *Fedro* revelase algunas incoherencias internas, su crítica central permanece intacta. Hasta hace muy poco, la mayoría de las palabras que escuchaban los seres humanos, eran dirigidas a ellos como individuos por alguien que estaba físicamente cerca. Pero ahora vivimos en el mundo de los medios de comunicación de masas. El lenguaje en nuestro mundo posmoderno parece encontrarse alejado de cualquier hablante individual. Accedemos a todo tipo de «información», pero, a menudo, no tenemos forma de conocer su origen o intenciones. La *World Wide Web* difunde ideas conformadas por píxeles algorítmicos en el ciberespacio: el cual puede ser manipulado de cien maneras.

EL DISCURSO DE INTERNET LO PRODUCEN AQUELLOS CUYAS IDENTIDADES, A MENUDO, SON FICTICIAS O PERMANECEN OCULTAS. ASÍ, PLATÓN TIENE PARTE DE RAZÓN.

PARECE PREFERIBLE LA DISCUSIÓN DIRECTA CON INDIVIDUOS CONOCIDOS EN UN BOSQUECILLO ATENIENSE ILUMINADO POR EL SOL.

Los herederos de Platón: Aristóteles

Aristóteles escuchó a Platón durante aproximadamente 20 años y era uno de sus estudiantes que más argumentaba. Estaba en desacuerdo con muchas de las ideas de Platón. En su *Metafísica* criticaba las Formas platónicas por ser transcendentes y místicas de una forma imposible. Mantuvo sensatamente que las Formas y los particulares no pueden existir separadamente.

LAS FORMAS SE HALLAN INCORPORADAS EN LA INDIVIDUALIDAD DE LOS PARTICULARES COMO POTENCIALIDAD.

O, DICHO DE FORMA MÁS SIMPLE: TODAS LAS BELLOTAS EN SU PARTICULARIDAD POSEEN LA FORMA POTENCIAL DE ROBLE.

Tras un examen detallado de los particulares en la naturaleza, es posible extraer conclusiones introductorias sobre cómo funciona el mundo y qué fuerzas poderosas lo controlan: la metodología que se encuentra en el corazón de la ciencia empírica.

La ética de Aristóteles también parece más razonable. La moralidad no es un tipo de conocimiento especial como las matemáticas que solo puedan alcanzar unos pocos.

ES UNA ACTITUD DE LA MENTE Y UNA FORMA PRÁCTICA DE COMPORTAMIENTO QUE CUALQUIERA PUEDE LOGRAR CON EL ENTRENAMIENTO Y LA EXPERIENCIA NECESARIOS.

Pero, a pesar de que la filosofía de Aristóteles es muy diferente a la de Platón, siempre alabó a su profesor por plantear las preguntas correctas. Platón dio comienzo a la filosofía como disciplina académica.

Platónicos, neoplatónicos y otros filósofos

La Academia de Platón sobrevivió durante aproximadamente 1.000 años, hasta que finalmente fue cerrada por el emperador cristiano Justiniano en el año 529 d.C. Los neoplatónicos como el Padre de la Iglesia cristiana Orígenes y el filósofo Plotino convirtieron muchas ideas platónicas como la bondad, el alma y la inmortalidad en sofisticada teología. Aristóteles tuvo una mayor influencia que Platón sobre el pensamiento escolástico medieval. Los textos de Platón se preservaron y fueron comentados por los estudiosos islámicos como Avicena, y gracias a ellos, su «redescubrimiento» en el Renacimiento italiano, influyó en Petrarca, Erasmo, Tomás Moro y otros eruditos a la hora de cuestionar los dogmas de la escolástica. Galileo, el primer físico «moderno», admiró el *Timeo*, que reforzó su propia perspectiva antiaristotélica.

$$(1) \text{ VELOCIDAD} = \frac{\text{DISTANCIA}}{\text{TIEMPO}}, \text{ O: } \frac{V}{2} \cdot \frac{S}{T}$$

LA FIGURA ES EVIDENTE QUE $V \cdot GT$

$$: \frac{GT}{2} \cdot \frac{S}{T}$$

LA NATURALEZA DEBE POSEER UNA ESTRUCTURA MATEMÁTICA SUBYACENTE.

VELOCIDAD MEDIA

VELOCIDAD CRECIENTE

G

G

G

G

G

G

$G = $ ACELERACIÓN

CUERPOS EN CAÍDA LIBRE

Cada período de la filosofía europea afirma tener su propio «Platón».

Ya hemos visto cómo Platón estimula a los posmodernistas como Jacques Derrida y Julia Kristeva. Parece que las ideas de Platón sobrevivirán aún por mucho más tiempo.

¿Qué tipo de filósofo es él?

Los presocráticos solo sobreviven en escasos fragmentos enigmáticos. Así, si Sócrates, un orador y no un escritor, se presenta como el primer filósofo del mundo *reconocible*, esto se debe enteramente a los registros escritos por Platón de lo que dijo. Platón también es un pensador más sistemático que plasmó sus ideas por escrito. Trató prácticamente todas las cuestiones centrales para la filosofía en epistemología, metafísica, ética, política y estética.

Y ADEMÁS ESCRIBÍ SOBRE MUCHO MÁS, DESDE LA EDUCACIÓN HASTA LA APICULTURA.

Muchas de las cuestiones que plantea Platón son bastante prácticas.

¿QUÉ TIPO DE LEYES NECESITAMOS PARA CREAR UNA SOCIEDAD JUSTA?

Otras son más metafísicas y técnicas.

¿QUÉ ES LA «REALIDAD»? ¿QUÉ SON LOS UNIVERSALES?

A menudo estimulan la actividad de lo que hoy día los filósofos posmodernos llaman «análisis conceptual».

¿QUÉ ES LA «JUSTICIA»?

Esto conduce a que la filosofía sea más bien una disciplina de «segundo orden»: se critica lo que dice otra gente y se analiza el lenguaje que utilizan para exponer su caso.

¿Qué hace un filósofo?

La Atenas del siglo V a.C., era ciertamente una ciudad en la que se hablaba mucho, llena de diferentes opiniones sobre la naturaleza humana, la sociedad y el papel de la filosofía, con un montón de cinismo respecto a estas tres cuestiones. Algunas de las opiniones escépticas de los sofistas sobre las limitaciones del conocimiento humano parecen actualmente muy «posmodernas». La reacción crítica de Platón ante ellas fue descubrir cuál es realmente la tarea del filósofo.

Es muy fácil plantear preguntas imposibles para después contentarse con respuestas sin sentido y superficiales. Esto puede explicar por qué la mayoría de la obra de Platón presenta la forma de diálogo: porque investiga e interroga.

Diálogo e interrogación

Una y otra vez, el Sócrates de Platón hace una pregunta importante y varios individuos con diferentes capacidades intentan ofrecer diferentes respuestas, a menudo, en la forma de definiciones inconclusas y poco satisfactorias.

Para aquellos que no están acostumbrados a la filosofía, esto puede hacer que la lectura de Platón sea una experiencia frustrante. Esto es especialmente cierto si se cree que la tarea del filósofo consiste en ofrecernos algunas respuestas claras y concluyentes sobre las cuestiones cruciales y, a menudo, preocupantes, que siempre parecen surgir a partir de la experiencia humana.

¿Cuáles son las respuestas?

Platón mostraría más simpatía por esta descripción del trabajo más desafiante. No creía que la filosofía fuera meramente una cuestión de análisis lógico desconectado de todo lo demás. La filosofía era una cuestión moral extremadamente seria. Pensaba que podía proporcionar respuestas a muchas de estas cuestiones. Creía que el mundo estaba ordenado de forma racional. Por tanto, las matemáticas tenían que ser la clave para comprender cómo funcionaba.

Esta experiencia semirreligiosa les haría infalibles, legitimaría su autoridad moral y les otorgaría poder político absoluto.

La búsqueda de la perfección ideal

Estas doctrinas místicas se nos presentan normalmente de forma dogmática como artículos de fe, o se nos explican en parábolas con alegorías de prisioneros y cuevas, barcos y tripulaciones. El potente estilo de prosa de Platón crea, a menudo, la impresión de que su filosofía es coherente y clara. Pero, sorprendentemente, las doctrinas centrales del «platonismo» no son ni lúcidas ni están argumentadas con mucho rigor lógico.

PLATÓN ANHELABA UN MUNDO MÁS PURO, MÁS FIABLE QUE EL MISERABLE E INADECUADO EN EL QUE ESTABA ATRAPADO.

También es culpable de persuadir a demasiados filósofos para que piensen que la filosofía es una búsqueda de un arcano secreto restringido para unos autoproclamados especialistas. Su filosofía política es productiva, porque siempre necesitamos ideales. Pero también puede ser muy destructiva. Parece ahora que los sueños utópicos no pueden llevarse a cabo sin métodos totalitarios.

179

Platón, el escapista

Es difícil categorizar a Platón. Parece no ser un filósofo, sino muchos: alguien que trata de clarificar confusiones conceptuales; un elitista dogmático que defendía una dictadura despiadada basada en principios eugenésicos; un inventor de mundos mejores. Un neoplatónico llamado Olimpiodoro dijo que Platón soñó una vez que era un cisne, que volaba de árbol en árbol en un intento por escapar de algunas flechas de los cazadores.

Los griegos se tomaban sus sueños muy en serio. Olimpiodoro interpretó que este sueño significaba que el Platón real siempre intentaba escapar de todos los comentaristas e intérpretes. Su filosofía nunca pudo encuadrarse dentro de una única doctrina. Para Platón, la filosofía siempre era el comienzo de la investigación, y no el final. Solo podemos estar de acuerdo con esta afirmación y utilizarla como una buena excusa para finalizar este libro.

Para continuar leyendo

Las obras de Platón están casi todas disponibles en Penguin Classics o en otras ediciones en inglés (en español en Tecnos, en Alianza Editorial y en muchas otras editoriales). Los primeros relatos de la vida y enseñanzas de Sócrates realizados por Platón, y su obra más famosa, *La República*, están todas accesibles y son entretenidas, a diferencia de la mayoría de los textos filosóficos modernos. Es difícil datar con precisión los escritos filosóficos de Platón, en parte debido a que en su época no existían cosas tales como «fechas de publicación». Nadie está completamente seguro del orden de composición. Parece muy probable que todas fueran escritas en el siglo IV, tras la muerte de Sócrates en el 399 a.C., y que *La República* se escribiera alrededor del 375 a.C. Las obras se dividen normalmente en los períodos de juventud, transición y madurez. *La Apología, Critón, Eutifrón, Laques, Cármides, Menón, Protágoras, Crátilo* y *Gorgias* se creen que son de juventud. *El banquete, La República* y el *Fedro* de transición. *Parménides, Teeteto, Sofista, Timeo, Critias* y *Las leyes* se cree que son obras de madurez, a pesar de que continúa habiendo disputas sobre las fechas de obras como el *Timeo* y el *Crátilo*.

Libros sobre la civilización y la filosofía de la antigua Grecia

The Greeks, H.D.F. Kitto (Penguin, Londres 1951) [disponible en español como *Los griegos*, Universidad de Buenos Aires, Buenos Aires, 2006]. Este continúa siendo una de las guías más claras y accesibles a la antigua Grecia y sus habitantes.

The Cambridge Companion to Early Greek Philosophy, ed. A.A. Long (Cambridge University Press, 1999) es un conjunto de varios ensayos muy útiles sobre diferentes presocráticos.

A History of Greek Philosophy, W.K.C. Guthrie (Cambridge University Press, 1979) [disponible en español como *Historia de la filosofía griega*, Gredos, Madrid, 2012] es para el entusiasta de verdad. En cinco volúmenes, cubre todos los autores desde Tales hasta Platón.

Otros libros introductorios útiles

Early Greek Philosophy, Jonathan Barnes (Penguin, Londres, 1987). *An Introduction to Greek Philosophy*, J.V. Luce (Thames and Hudson, Londres, 1992).

Para una lectura ligera, el lector puede dirigirse a *The History of Greek Philosophy* de Luciano de Crescenzo (Picador, Londres, 1989) [disponible en español como *Historia de la filosofía griega*, Seix Barral, Barcelona, 1995], en el que podemos encontrar un relato de las opiniones filosóficas de los presocráticos, los sofistas y algunos conocidos napolitanos del autor.

Hay muchísimos libros sobre Platón. He aquí unos pocos

Plato, R.M. Hare (Past Masters Series, Oxford University Press, 1982) [disponible en español como *Platón*, Alianza Editorial, Madrid, 2009]. Esta es una breve introducción, a pesar de que a veces bastante difícil, a las complejidades de las ideas filosóficas de Platón.

Understanding Plato, David J. Melling (Oxford University Press, 1987) [disponible en español como *Introducción a* Platón, Alianza Editorial, Madrid, 1992] es corto, claro y accesible.

An Examination of Plato's Doctrines, I.M. Crombie (Routledge, Londres, 1963) [disponible en español como *Análisis de las doctrinas de Platón*, Alianza editorial, Madrid, 1990]. En dos volúmenes, es extremadamente minucioso y comprensible, y está orientado probablemente a lectores de filosofía experimentados.

Plato's Republic: A Philosophical Commentary, R.C. Cross y A.D. Woozley (Macmillan, Londres, 1964). Un libro para aquellos que desean leer *La República* y reflexionar con más detalle sobre todas las cuestiones filosóficas que plantea.

The Cambridge Companion to Plato (Cambridge University Press, 1993) es una colección de 14 ensayos útiles sobre diferentes aspectos de la filosofía de Platón.

El escritor también ha disfrutado leyendo la crítica feroz de I.F. Stone sobre Sócrates, *The Trial of Socrates* (Picador, Londres, 1989) [disponible en español como *El juicio de Sócrates*, Mondadori, Barcelona, 1988] y *Love's Knowledge* de Martha C. Nussbaum (Oxford University Press, 1990) [disponible en español como *El conocimiento del amor: ensayos sobre filosofía y literatura,* A. Machado Libros S.A., Madrid, 2006].

The Open Society and its Enemies (vol. 1), Karl Popper (Routledge, Londres, 1966) [disponible en español como *La sociedad abierta y sus enemigos*, Paidós Ibérica, Barcelona, 2010] continúa siendo el análisis crítico más influyente sobre la filosofía de Platón.

Agradecimientos

El autor querría dar las gracias a todos los estudiantes con los que ha estudiado la filosofía de Platón. Le ayudaron a identificar y a clarificar problemas e, incluso, le proporcionaron algunas respuestas. Así, puede que, después de todo, las opiniones de Sócrates sobre la filosofía como una actividad puede que estén en lo cierto. También le gustaría dar las gracias a Judy Groves por su imaginación artística y su amistad, y al trabajo paciente y meticuloso de su sufrido editor Richard Appignanesi quien, entre otras muchas cosas, sabe cómo utilizar la coma y el punto y coma.

El artista quisiera dar las gracias a Óscar Zárate. Es un ilustrador argentino y aparece siempre con tildes, salvo en textos ingleses que no se los ponen a mucha gente, quien contribuyó con algunos dibujos excelentes, a Arabella Anderson y a Deane Waerea por permitirles fotografiarles para este libro, y a David King y a Howard Peters por su ayuda con la investigación de imágenes.

Índice de nombres y conceptos